**日月光华·哲学讲堂**

---

日月光华 · 哲学讲堂
（“复旦 - 杜威”讲座第三期）

# 杜威的哲学遗产：
# 自然主义的当代效应

理查德·J. 伯恩斯坦 — 著
孙 宁 余 洋 — 译

東方出版中心

## 图书在版编目（CIP）数据

杜威的哲学遗产：自然主义的当代效应 /（美）理查德 · J.伯恩斯坦著；孙宁译. —上海：东方出版中心,2021.8

（日月光华 · 哲学讲堂）

ISBN 978-7-5473-1864-5

Ⅰ. ①杜… Ⅱ. ①理… ②孙… Ⅲ. ①杜威（Dewey, John 1859-1952）-科学哲学-哲学思想-思想评论 Ⅳ. ①B712.51

中国版本图书馆CIP数据核字（2021）第162359号

**日月光华 · 哲学讲堂**

**杜威的哲学遗产：自然主义的当代效应**

著　　者　[美]理查德 · J.伯恩斯坦
译　　者　孙　宁　余　洋
筹　　划　刘佩英
责任编辑　冯　媛
封面设计　钟　颖

出版发行　东方出版中心
地　　址　上海市仙霞路345号
邮政编码　200336
电　　话　021-62417400
印 刷 者　杭州日报报业集团盛元印务有限公司
开　　本　787mm×1092mm　1/32
印　　张　4.5
字　　数　62千字
版　　次　2021年10月第1版
印　　次　2021年10月第1次印刷
定　　价　48.00元

# 总　序

相互对话，有利于推进思想。进入21世纪以来，复旦哲学迎来了与国际学界对话的高峰期，不仅建立了“中国哲学与文化”的英文硕士项目，在英国布鲁姆斯伯里（Bloomsbury）出版社出版了“复旦：与中国哲学相遇”系列丛书，而且迎来了大批国外的优秀学者，让我们的老师与学生在第一时间就有机会与国际杰出的学者们面对面交流，这不仅拓展了师生们的学术视野，更推动了思想的互动与对话。

在这个地球村时代，时空因为科学技术的发展而大大压缩，相互交往变得极为便利，但人类能否真正进入一个和平时代却成为一项极为尖锐的考验。能否经受考验很大程度上取决于人们之间的相互理解，取决于是否有能力去倾听。倾听是一项非常宝贵的能力，在中国文化传统中，这是与“成圣”联系在一起的，“圣，通也，从耳，呈声”。

“倾听”与“通达”相关联，通达天地，通达他人；“倾听”的本质不仅仅是听到而已，最为关键的是去倾听自己所不懂的，去熟悉自己所不熟悉的，去理解自己所不理解的，这是一种真正的包容；否则貌似倾听，实则无非听自己想听的，肯定自己所肯定的，理解自己已经理解的。“倾听”意味着一种接纳“他异性”的能力，“听”总是要听“不同”的声音，《左传》说:“若以水济水，谁能食之？若琴瑟之专一，谁能听之？同之不可也如是。”在经济全球化时代，不同文明之间的相互“倾听”已成为一项极为重要的品质，学术的良好生态也正是在倾听不同的声音中建立起来的。

“倾听”不只是帮助我们去理解他者，同时也是一个自我认识的过程。正是在倾听他者的过程中，才能够迂回他者，从而更好地发现自己的特点，超越自身的局限。“日月光华·哲学讲堂”在过去五年中已经出版了八种译著，译介的都是过去十多年里国际学术同行在复旦大学的演讲与授课，这些演讲表达了国外同行对于学术问题的深入理解，也表达了他们对于这个时代的深刻思考。古人说,“闻声知情，与天地合德，日月合明，四时合序”。在这个联系日益紧密的人类共同体中，倾听他者，开放思想，兼容并蓄，保持多元与丰富，追求“和而不同”的境界，正是学术同仁的共同理想。

在过去的十多年中，有上百位国际学者来复旦大学哲学学院访问，为师生们传递学术的脉动、思想的力量，为大家呈现出一个精彩纷呈的精神世界。日月光华，旦复旦兮；在倾听中，一个更为阔大的世界跃现眼前，思想的勃勃生机正孕育其中。

是为序。

孙向晨

2021 年 9 月于复旦

# 序

我有幸两次访问了复旦大学杜威中心，每次都受到了热情的欢迎和友好的接待。中文版《杜威全集》的翻译出版和在杜威中心的每一次讨论的高度都给我留下了深刻的印象。我在杜威中心和上海的文化活力中感到极为舒适而自在。我想稍微谈一谈我是如何写作这一系列杜威讲座的。我对杜威的兴趣已经超过了六十年。当我在耶鲁大学写作博士论文《约翰·杜威的经验形而上学》时，哲学界对杜威的兴趣恰好处在最低点。虽然我探索了很多思想家的著作，比如哈贝马斯(Jürgen Habermas)、德里达(Jacques Derrida)、伽达默尔 (Hans-George Gadamer)、理查德·罗蒂(Richard Rorty)、泰勒(Charles Taylor)、阿伦特(Hannah Arendt) （他们后来都成了我的朋友），我总是对他们的以及海德格尔 (Martin Heidegger) 和维特根斯坦 (Ludwig Wittgenstein) 的著作中的实用主义主题非常敏感。我在《实用主义转向》的前言中谈到我在20世纪50年代写作博士论文时的感受："我在当时感觉到（并且现在仍然如此相信）皮尔士（Charles Peirce）、詹姆士（James）、约翰·杜威（John Deweg）和米德（Mead）是真正超前于他们的时代的，他们给哲学带来了彻底的变革。……我一次次地感受到，很多20世纪和21世纪的哲学家——有些对古典实用主义思想家略有所闻或毫无所知——处理的是类似的主题，得出的是类似的结论。他们在各自的方案中频繁地重塑（有时是挑战）美国实用主义者的关键主题。"

杜威哲学的一个关键主题是他的自然主义。劳斯（Joseph Rouse）概述了哲学自然主义的三个核心承诺：首先，自然主义者拒斥任何对超自然存在的诉求或接受；其次，自然主义分享了向当代科学学习的承诺，他们至少认为科学理解与人类生活的所有重要方面都密切相关，并支持与这种理解相一致的思维方式和生活形式；再次，自然主义者否认任何先于科学理解的权威性的"第一哲学"概念。杜威分享并践行了这三个承诺。并且，他还深受达尔文进化论的影响。他强调了经验和自然的连续性。他认为自然中不存在任何本体论或认识论上的鸿沟。他不认为人类理性和自然的其他部分之间存在着突然的断裂。在20世纪初，杜威是美国自然主义讨论的重要参与者。美国哲学的这一章节几乎完全因为分析哲学的胜利和职业哲学院系中所谓的语言转向而湮没。杜威和其他实用主义者被认为是过时的。流行的观点是，杜威也许正确地看到了某些东西，但他缺少分析哲学的精细分析和严格逻辑。在分析哲学家当中，特别是在蒯因（W.V.O. Quine）和威尔弗里德·塞拉斯（Wilfrid Sellars）那里，自20世纪中期诞生的自然主义新版本和杜威的自然主义极少有联系。今天，大多数英美哲学家都自视为自然主义者，但他们并没有就自然主义意味着什么达成任何共识。于是我决定阅读和研究这些文献。初看起来，这些讨论和争论完全是混乱的。自然主义一词杂乱地充斥着一系列形容词性的特征描述："形而上的""本体的""实体的""方法论的""还原的""彻底的""自由的""主体的""客体的"等等。在仔细地梳理了这些文献之后，我注意到了另一点。在被称为"自由自然主义"（用以指称一系列具有亲缘性的不同立场）的讨论中，我们可以辨识出一种有力的自然主义概念，它和杜威的自然主义精神之间有着极强的关联。让我吃惊的是，有些探讨自由自然主义的思想家甚至没有提及或考虑杜威的著作。我试图在这一系列讲座中阐明，如果我们仔细分析希拉里·普特南（Hilary Putnam）、麦克道尔（John McDowell）、罗蒂、塞拉斯、彼德·戈弗雷－史密斯（Peter

Godfrey-Smith）、拉姆伯格（Bjorn Ramberg）、大卫·麦克阿瑟（David Macarthur）、约翰逊（Mark Johnson）、罗伯特·辛克莱（Robert Sinclair）、休·普莱斯（Huw Price）和劳斯等人的著作，就会看到他们如何帮助杜威阐明了一种实用主义的自然主义。杜威的哲学遗产仍然存活于当下最深刻的哲学讨论中。我希望我的中国读者能加入我的这段思想旅程，并能对我的最终结论心怀同感：当下最好的哲学工作证实并支持了杜威的实用主义自然主义。

理查德·伯恩斯坦

2021 年 2 月

# 目　录 | Contents

# 第一章

# 自然主义的多重面相

自然主义是当今英美哲学中讨论最广也最具争议的议题之一。初看起来，这些混乱的讨论和争执几乎没有就“自然主义”的意义达成任何共识。“自然主义”一词杂乱地充斥着一系列形容词性的特征描述：“形而上的”“本体的”“实体的”“方法论的”“还原的”“彻底的”“自由的”“主体的”“客体的”等等。这个名单还可以不断添加——包括一种听起来像是矛盾修饰法（oxymoron）的东西——“先验的自然主义”。[1]

今天任何处理自然主义话题的人都应该注意巴里·斯特劳德（Barry Stroud）的警告：

1　卡尔·萨克斯（Carl Sachs）写道：“这项工作是由一种对我所谓的先验自然主义的承诺所激发的；即这样的观点：先验确定的作用必须具有在经验上可确定的发挥作用者。” Carl Sachs, “Intentionality and the Problem of Transcendental Friction,” chap. 1 of *Intentionality and the Myths of the Given: Between Pragmatism and Phenomenology* (London: Pickering and Chatto, 2014), p. 9.

相较于整个人类思想史中可能的任何其他概念而言，“自然”的观念、“自然”的对象或关系，或者“自然主义”的研究模式，已经在更为不同的时代和地方得到了更为广泛的运用，并且其目的也更为不同……这里通常争论的不是是否要采取“自然主义”的立场，而是在我们的“自然”概念中应该包括什么和不应该包括什么。这才是真正的问题，也是导致分歧的原因。[1]

斯特劳德还指出，在有关自然主义的辩论中，存在两种相反的压力：

一方面的压力在于把越来越多的东西包含在“自然”的概念之中，以至于这个概念失去了确定性和限制性。或者，如果该概念保持固定和限制性，则另一方面的压力在于歪曲甚至否认自然主义研究（尤其是对人类的自然主义研究）应

1 Barry Stroud, “The Charm of Naturalism,” in *Naturalism in Question,* ed. Mario De Caro and David Macarthur (Cambridge: Harvard University Press, 2004), pp. 21–2.

该解释的现象。[1]

斯特劳德关于这些相反压力的说法是正确的。但由此汲取的教训不是放弃对自然主义的诉求，而是要谨慎地解释和证成人们对自然主义的理解。

考虑到斯特劳德小心翼翼的警告以及不同类型的自然主义的那些似乎无止尽的形容词描述，我想指出，在最近的讨论中存在着一些强有力的倾向，这些倾向支持了一种有时被称为“自由的自然主义”的东西。这种自由、开放、多元的自然主义非常接近约翰·杜威的自然主义的精神——尤其是在《经验与自然》中发展出来的那种精神。尽管一些哲学家——例如菲利普·基切尔（Philip Kitcher）、彼得·戈弗雷-史密斯、休·普莱斯、大卫·麦克阿瑟、罗伯特·辛克莱（Robert Sinclair）、比约恩·兰贝格（Bjorn Ramberg）和希拉里·普特南——在他们对自然主义的讨论中明确提到实用主义和杜威，但其他哲学家，例如约瑟

1 Barry Stroud, “The Charm of Naturalism,” in *Naturalism in Question,* ed. Mario De Caro and David Macarthur (Cambridge: Harvard University Press, 2004), p. 22.

夫·劳斯——尽管没有提到杜威——却主张这样一种版本的哲学自然主义，它看起来就像杜威在当下提出来的一样。希拉里·普特南在他撰写的最后一篇论文《自然主义、实在论与规范性》中描绘了自由的自然主义与杜威的自然主义之间的联系。普特南注意到——参考德·卡罗（Mario DeCaro）和麦克阿瑟的导论——他们都

> 指向并赞扬了许多杜威意义上的“自然主义”哲学立场——即在哲学上拒斥所有对超自然实体的诉求，同时拒斥实证主义者的要求，即将美学和伦理学概念还原为自然科学的概念，或者期望它们能够或最终会被如此还原。他们也不接受历史最终将成为“科学”的实证主义观点……德·卡罗和麦克阿瑟强调，他们所倡导的自由自然主义并不是将规范性话语当作某种“二等”或仅仅是“表达”的东西，但它也不支持一种独立于人类实践和需求的、规范性事实的柏拉图式的领域。同时，它也不支持摩尔那种道德直觉的准神秘能力。所有这些我都非常喜欢。[1]

1 Hilary Putnam, “Naturalism, Realism, and Normativity,” chap. 1 of *Naturalism, Realism, and Normativity,* ed. Mario De Caro (Cambridge: （转下页）

“自由的自然主义”不是指一种单一的姿态，而是一种多元的立场——在自由自然主义者之间仍然存在许多重要的争议性问题。当普特南将杜威说成“他那个时代最著名的自然主义哲学家”时，他指的是一场在 20 世纪前几十年主导美国哲学的哲学运动，这一运动已经几乎完全被遗忘和抹杀了。这些美国自然主义者包括了很多思想家，例如约翰·杜威和他的学生，西德尼·胡克（Sidney Hook）和欧内斯特·内格尔（Ernest Nagel），乔治·桑塔亚那（George Santayana），罗伊·伍德·塞拉斯（Roy Wood Sellars）——威尔弗里德·塞拉斯的父亲，莫里斯·科恩（Morris Cohen），以及许多其他思想家。杜威于 1904 年从芝加哥大学迁至哥伦比亚大学时，受到了弗雷德里克·伍德布里奇（Frederick Woodbridge）的极大影响，后者复兴了一种亚里士多德式自然主义的现代版本。[1] 尽管在这些思想家之间存在尖锐的分歧，但他们也分享了许多承诺，并

（接上页）Harvard University Press, 2016), p. 22. See Mario De Caro and David Macarthur, “Introduction: The Nature of Naturalism,” in *Naturalism in Question*, pp. 1–17.

1　关于美国自然主义者著作的代表性样本，参见 *American Philosophic Naturalism in the Twentieth Century,* ed. John Ryder (Amherst, NY: Prometheus Books, 1994)。

以不同的方式表达了这些承诺。约瑟夫·劳斯在他的最新著作《阐明世界》中列出了一个自然主义者的自我理解的三个核心承诺。[1]首先，自然主义者拒斥“对超自然或超越自然世界的东西的任何诉求或接受”（AW3）。超自然的定义以及自然与超自然之间的界限本身是有争议的。美国的自然主义者不仅对诉诸超越的上帝来解释世界的观点持批评态度，而且对诉诸纯粹理性的“超自然”能力的观点也持批评态度。其次，自然主义者承诺将“科学理解看作与人类生活的所有重要方面都密切相关，并且仅仅支持与这种理解一致的思维方式和生活形式”（AW3）。所有美国自然主义者都共享这第二项承诺，尽管他们在构成科学理解的概念上有所不同。第三，自然主义者否认任何优先于科学理解或对科学理解具有权威性的“第一哲学”的概念。哲学不应被视为取代或与科学竞争的特殊学科。这些核心承诺，尽管以不同的方式被解释，却为美国自然主义者们所共享。他们还共享一个额外的承诺。他们都深受达尔文以及进化生物学引入的

1 参见 Joseph Rouse, *Articulating the World: Conceptual Understanding and the Scientific Image* (Chicago: University of Chicago Press, 2015)；后文用 AW 表示，后接页码。

思维方式影响。新生物学的哲学意义支持对人类的这样一种理解，即人类与大自然的其余部分是连续的。在整个自然世界中，存在一些需要划出的重要区分，但不存在形而上学或认识论上的二元论。美国自然主义者的自然主义不是科学主义的，也不是还原论的；他们强调的是贯穿整个自然的有差异的连续性。

随着分析哲学在弗雷格（Friedrich Frege）、罗素（Bertrand Russell）、摩尔（G. E. Moore）、卡尔纳普（Rudolf Carnap）和牛津时期的维特根斯坦这种传统中的兴起和发展，美国自然主义这一早期章节被贬入了历史的垃圾箱。从早期分析哲学家的视角来看，美国自然主义者对弗雷格和罗素开启的逻辑学新发展缺乏任何深刻的理解。对由弗雷格的纯逻辑概念塑造的分析哲学家来说，自然主义具有一种贬义的含义。自然主义模糊了形式逻辑和经验科学——尤其是经验心理学——之间的区分。所有这些在20世纪中叶随着蒯因和威尔弗里德·塞拉斯的工作而发生了改变。蒯因不仅挑战了逻辑经验主义的基础，还驳斥了任何优先于科学知识的“第一哲学”。他对在哲学分析和经验科学之间划清界限的观念提出了挑战。他以“自然化的认识论”这一表述而闻名，它表明认识论的传统问题应被经验科学探究所代替。塞拉斯非常大胆地肯定了这样一种版本的科学自然主义，他宣称：

> 不过，作为一位哲学家来讲，我很愿意说，时空中的物理对象构成的常识世界是非实在的——即不存在这样的东西。或者，不那么矛盾地讲，在描述和解释世界的维度上，科学是万物的尺度，是所是的东西是什么的尺度，也是所不是的东西不是什么的尺度。[1]

自从 17 世纪现代科学兴起以来，一直有思想家声称唯有科学（尤其是自然科学）是我们认识世界和衡量真实事物的基础。每当这种形式的科学自然主义被推向极端时，总是有思想家在抗议这种观点不仅是错误的，而且是反常的。提出这一主张的最著名的哲学家是康德。康德承认人类是自然生物，因此，人类也要遵守自然严格的规定性法则——就像

---

1 Wilfrid Sellars, *Empiricism and the Philosophy of Mind* (Cambridge: Harvard University Press, 1997), p. 83；后文用 EPM 表示，后接页码。请参阅本文的附录，在那里我将讨论这一引人注目的主张是如何向不同的解释敞开的。

自然的其他部分一样。但康德在他的批判哲学中主张，我们不完全是自然的生物。人也是具有理论理性和实践理性的理性存在者。康德的“哥白尼革命”旨在表明，自然科学的可能性要以范畴、判断和理性的调节性理念为前提。为了理解理性的独特性，我们需要对理性进行批判，并详细阐述一种先验哲学，以证明纯粹理性的普遍性和必然性。没有规范性就没有理性。因此，不可能通过诉诸经验自然科学来解释理性——无论是知性（Verstand）还是理性（Vernunft）。

我们将看到，在那些声称自然科学能够提供关于世界的全部真知的人，与那些主张自然科学不能充分说明我们的规范性理论与规范性实践的资质和能力的人之间的战争一直持续到了现在，尽管战线发生了变化。德·卡罗和麦克阿瑟就这一问题给出了一种当代的表述：

> 规范性涉及我们应该或应当做的事情以及我们对事物或事态的评价。例如，我们通常说，一个人应该信守诺言，如果一个人接受$p$，且“如果$p$，那么$q$”，那么他就应当接受$q$，或者说莫扎特是一个比萨列里更好的音乐家。合理地说，科学描述事物的状态，尤其是存在于世界中的因果力量或因果

规律，以及法则之类的东西，甚至其他方面。因此，如果一个人在对自然科学——且只有自然科学——的假定上遵循现代的科学自然主义，并告诉我们世界上存在什么，那么似乎就没有规范性事实存在的余地，或者至少在不能将它们还原为自然科学处理的某种客观因果事实的范围内，情况将会如此。这些考虑为当今哲学家面临的基本问题之一做好了准备。是否存在任何不可或缺、不可还原的规范性事实？它们涉及并非或无法容纳于世界的科学图像之中，比如说理性、意义、和价值。[1]

我们将看到，最后一个问题不仅将哲学家划分为相反的阵营，而且任何试图捍卫某种版本的哲学自然主义的人都必须面对这个关键问题。现在，我想概述杜威实用自然主义中的一些核心主题，以便为探讨杜威与自由自然主义的拥护者之间的异同提供基础。

1　Mario De Caro and David Macarthur, “Introduction: Science, Naturalism, and the Problem of Normativity,” in *Naturalism and Normativity,* ed. Mario De Caro and David Macarthur (New York: Columbia University Press, 2010), p. 1. 参见尾注 97 对德 · 卡罗和麦克阿瑟的科学自然主义刻画的批评。

# 第二章

# 约翰·杜威的自然主义

1930年，杜威在71岁时发表了一篇自传体的概述《从绝对主义到实验主义》。[1]他也可以将其命名为《从绝对主义到自然主义》。杜威首先回顾了他在佛蒙特大学的本科学习。他将最初对哲学问题的觉醒追溯到一门使用托马斯·赫胥黎（Thomas Huxley）的文本的生理学课程。他坦承，对于五十多年前发生在他智识上的事情，要准确地讲述是很困难的，不过他写道：

我有一种印象，那项研究衍生出一种相互依存和相互联系的统一感，这种感觉赋予了先前处于萌芽状态的智识迹象以形式，并产生了一种、一类或一个模式的事物观，任何领域的物质都应当遵循它。至少在潜意识里，我被引导去期望这样一

1 John Dewey, "From Absolutism to Experimentalism," in *The Philosophy of John Dewey: Two Volumes in One,* ed. John J. McDermott (Chicago: University of Chicago Press, 1981), pp. 1–12.

个世界和一种生活，即在源自对赫胥黎处理方式的研究的那种图景中，该世界和生活应具有与人类有机体相同的属性。[1]

杜威甚至在开始正式研究哲学之前就被这样的观点吸引，即将生物有机体作为思考经验和自然的模型。赫胥黎还将杜威引向了达尔文进化论的新生物学。（杜威出生于1859年，《物种起源》于这一年出版。）一种活生生的、动态的有机体－环境交互的观念塑造了杜威往后一生的思想，并在他成熟的自然主义中取得了丰硕的成果。这一开创性的观念甚至影响了他如何运用黑格尔的主题。[2]在美国，1880年代和1890年代是哲学发酵的时期；存在一种对原子论个人主义和感觉论经验主义的强烈反对。杜威置身于这个发酵时期之中，并为德国观念论所吸引——尤其是他在约翰

1 John Dewey, "From Absolutism to Experimentalism," in *The Philosophy of John Dewey: Two Volumes in One*, ed. John J. McDermott (Chicago: University of Chicago Press, 1981), p. 2.

2 有关杜威如何开始赞赏进化的重要意义并发展出他的有机体－环境交互作用的动态辩证概念的详细历史分析，请参阅特雷弗·皮尔斯（Trevor Pearces）即将出版的 *Pragmatism's Evolution: Organism and Environment in American Philosophy* (Chicago: University of Chicago Press, forthcoming)。皮尔斯展示了杜威对黑格尔和进化主题的融合是如何塑造了他早期的道德和社会哲学的。皮尔斯的研究考察了1860年至1910年进化论思想对实用主义思想家的广泛影响。

霍普金斯大学的导师莫里斯（George Morris）的黑格尔主义。杜威最初在赫胥黎那里遇到的哲学主题——人生、有机交互、对静态二元论的克服——如今在他早期的黑格尔主义中找到了智识的表达。杜威这样谈到他诉诸黑格尔和黑格尔主义的“主观理由”：

它产生了一种对统一性的要求，毫无疑问这是一种强烈的情感上的渴求，但却是只有智识化的主题才能满足的饥饿感。要恢复这种早期的情绪不只是困难的，而且是不可能的。但是，我猜想，如果新英格兰文化——通过孤立自我与世界将灵魂与身体、自然与上帝分割开来——带来一种痛苦的压迫，那么对我产生影响的分裂和分离感就是这一遗产的后果——或者更确切地说，这是一种内心的撕裂。我早期的哲学研究一直是一种智识上的训练。但黑格尔对主体与客体、物质与精神、神与人的综合不只是智识上的公式；它是一种莫大的解脱，一种解放。黑格尔对人类文化、制度和艺术的处理同样涉及坚固的隔离墙的消解，对我来说具有特殊的吸引力。[1]

1　John Dewey, “From Absolutism to Experimentalism,” p. 7.

与黑格尔的相遇是一种情感和智识上的解放。在杜威的整个职业生涯中，他对形而上学和认识论上的二分法都持批评态度，而这些二分法对哲学史的刻画影响至深。他试图表明，最好将这些具体的二分法把握为灵活的、不断变化的、功能性的区分。在描述他导师莫里斯的黑格尔主义时——一种完全适用于杜威自己的描述，杜威概括了他从黑格尔那里汲取的东西：

我应该说，他对黑格尔的辩证法感到不可思议地同时保持了冷漠和沉迷的态度。他对纯粹技术上的面向不感兴趣。但又从中产生了一种持久的感觉，即对他习惯称之为主体与客体、理知与世界的有机关系的持久感觉……当他像自己习惯的那样谈到机械性和有机性时，这是一种明显的对比。这是死者与生者之间的对比，尽管生物学可能提供一些轻描淡写的例证，但相较生理上的对比，这种对比更是道德和精神上的。他之所以坚持黑格尔，是因为黑格尔在各种各样的经验领域向他展示了这样一种原则的最高实在性，即生命统一体通过以差异与区分为中介来维持自身。[1]

杜威在他早期对黑格尔的热情中声称，正是二元论者“康德违背了科学，而黑格尔是科学精神的典型”。[2] 黑格尔是科学精神的典型，因为对他来说，“思想没有一种特殊的、独立的职能，即属于一个脱离外部世界而存在的心灵，并由这种心灵操控”。[3]

杜威“逃离”了黑格尔，尽管他承认“与黑格尔的结识在我的思想中留下了一种不可磨灭的痕迹”。[4] 杜威将黑格尔自然化了。他对当时的科学、生物学、心理学以及新兴

1 Robert Mark Wenley, *The Life and Work of George Sylvester Morris: A Chapter in the History of American Thought in the Nineteenth Century* (New York: Macmillan, 1917), pp. 316–17. 有关黑格尔与杜威之间关系的精彩讨论，尤其是关于内在批判和社会生活的讨论，请参见 Arvi Särkelä, *Immanente Kritik und soziales Leben: Selbsttransformative Praxis nach Hegel und Dewey* (Frankfurt: Klostermann, 2018).

2 John Dewey, “The Present Position of Logical Theory,” in *Early Essays and Outlines of a Critical Theory of Ethics,* vol. 3 of *The Early Works of John Dewey, 1882–1898,* ed. Jo Ann Boydston (Carbondale: Southern Illinois University Press, 1969), p. 134.

3 同上，第 137 页。

4 John Dewey, “From Absolutism to Experimentalism,” p. 8.

的社会科学产生了浓厚的兴趣。达尔文取代黑格尔成为他的智识英雄。[1] 杜威早期发展阶段的顶点在一篇发表于 1896 年的重要文章《心理学中的反射弧概念》中得到了阐明。[2] 杜威通过一种有机体－环境的交互或协同详细阐明了自己的意思：他预示了自己关于经验与自然的成熟理论的核心主题。[3]

杜威批评的目标是心理学家用来描述和解释人类行为的反射弧概念。心理行为被认为是一种机械的三阶段序列：感觉或外部刺激，接着是观念或中枢进程，然后是运动反应。这些环节或阶段中的每一个都被认为是与反射弧中其他事件外在相关的分立事件。杜威引用了詹姆斯·鲍德温（James M. Baldwin）的话，鲍德温声称存在着“与神经弧的三个元素相适应的三个因素。一是接收意识，即刺激，如一个突然的、很响的声音；二是无意识的注意，即登记性

1　参见 John Dewey, “The Influence of Darwinism on Philosophy,” in *The Philosophy of John Dewey,* pp. 31–41.

2　参见 John Dewey, “The Reflex Arc Concept in Psychology,” in *Early Essays,* vol. 5 of *The Early Works of John Dewey,* 1882–1898, pp. 96–109；后文以 RA 表示，后接页码。

3　另请参阅我在下文中对该文的讨论：Richard J. Bernstein, “From Hegel to Darwin,” chap. 2 of *John Dewey* (Atascadero, CA: Ridgeview Publishing Company, 1966), pp. 15–21.

（registering）元素；三是随着声音之后的肌肉运动，即以为遇到危险而逃跑”（RA100）。杜威以两种方式批评了反射弧。首先，反射弧概念误解了实际发生的事情；其次，它歪曲了正在发生的事情。以这种机械的方式运用反射弧概念会忽略主体先前的状态或状况。“假如一个人在看书，或在打猎，或在寂静的深夜在暗处守望，或在做化学实验，在每种情况之下，声音都有着非常不同的心理学意义；它是不同的经验”（RA100）。声音不是独立的“刺激”，因为声音的意义取决于经历声音的人先前的状况和活动。因此，鲍德温颠倒了事件的实际顺序。“反应”不是一种跟随着“刺激”的分立事件。刺激是反应的构件（constitutive），因为声音体验必须作为逃离中的一种价值持续存在。而且反应本身并不是一个完全独立的事件。这就是原初的、经过转换和重构的经验。刺激和反应是相关的，并且每一个的功能都在相互关系中发生着变化。因此，正如刺激是反应的构件一样，反应也是刺激的构件。“正如‘反应’是构成刺激的必要条件，它将刺激确定为声音，并且确定其为某种声音，或野兽的声音或盗贼的声音，因此，声音经验也必须作为逃跑中的一种价值而持续存在，以便保持奔跑，控制奔跑”（RA102）。

初看起来，杜威似乎是在诡辩，他是在要求对复杂的情况进行一种更详细的分析。但他的批评更加深刻。他主张，一种统一的有机体－环境协同才是行为的基本单位。这与反射弧概念完全不同，后者是一种分立环节的机械序列。传统的反射弧概念是一种旧形而上学二元论的残存物：它掩盖了心灵的“东西”和身体的“东西”如何交互作用的悖论。

> [反射弧理论]是柏拉图提出的形而上学二元论的残余，该理论认为，感觉是灵魂和身体交界处的模糊不清的栖居者，观念（或中枢进程）是纯粹心理的，而动作（或运动）是纯粹物理的。因此，反射弧的公式既不是物理的（或生理的），也不是心理的；而是一种混合了唯物论和唯心论的假设。（RA104）

杜威认为，我们需要一种新的方式来理解行为情况，在这种情况下，“刺激”“中枢进程”以及“行动反应”被视为功能，它们在重构一种统一的协同中起着不断变化的作用。杜威并没有抹杀刺激与反应之间的区别；他试图适当地分析它。如果我们将反射弧视为挑选出来的、完全相互独立的分立事件，那么描述和解释人类行为的尝试将是无可救药的困惑。刺激和反应被恰当地理解为不断变化的功能。什么才算刺激和反应取决于它在有机体–环境的协同中所发挥的作用。杜威总结了这种有机协同的概念：

这种回路是一个协同，它的某些部分彼此冲突。正是这种暂时的分裂和重建的需要使我们产生了一方面是感官刺激，一方面是运动反应的意识区分。刺激是形成协同的阶段，它代表了使协同成功所必须满足的条件；反应是形成同一个协同的另一个阶段，它提供了满足上述条件的关键，是成功的协同工具。因此，它们是紧密相关和同时发生的。（RA109）[1]

1　杜威在其 1896 年的“教育哲学”课程中提出了关于该主题的一种变奏：“适应是动态的，而不是静态的。这意味着控制，最高的适应性意味着最高的控制力。环境不是根据某种生活来衡量或设定的固定观念。它对每个现存的生物都是不同的。有机体和环境之间存在某种联系。功能是某种比有机体更多的东西，也是某种比环境更多的东西。有机体和环境不过是功能的两个方面。” John Dewey, “Lecture III,” in *Education, Logic, Ethics, and Political Philosophy,* vol. 2 of *The Class Lectures of John Dewey, Electronic Edition,* 2nd release, ed. Donald F. Koch and The Center for Dewey Studies (Charlottesville, VA: InteLex Corporation, 2015), 2:95.

杜威对有机体 - 环境协同的分析在他早期的哲学研究中将许多方面联系在一起，并为他后来的经验与自然理论指明了道路。现在我们有了杜威反对静态、机械概念的特定理由:这些概念误解并歪曲了在活生生的经验中所发生的事情。杜威从黑格尔那里汲取的洞见现在以一种更适合实验科学探究的术语被重新阐明。[1] 在有机协同中产生了一种需要通过重构或重建来解决的冲突，这种观点对他关于问题 - 解决的思考至关重要。杜威一生都在批评原子论和特殊主义的经验概念，这些概念在英国经验主义传统中是如此重要。同时，杜威拒绝各种形式的德国观念论倾向，在这些倾向中，经验最终构成一个单一的、包罗万象的整体。对杜威来说，经验包含了相互重叠的有机体 - 环境的协同。在这些协同中，我们区分了不断变化的功能面向，这些面向的特征取决于它们在重构和重建协同中所发挥的作用。不仅有机体通过与环境的交互作用而发生转化，而且环境——不论是自然环境还是社会环境——也通过有机的交互作用而发生了转化。在有机体

1　特雷弗・皮尔斯在展示杜威如何以一种融贯的方式结合黑格尔和达尔文方面特别有启发性。参见他的“Hegelianism Needs to be Darwinism: Evolution and Idealism,” in *Pragmatism's Evolution* (forthcoming).

与其环境之间存在一种动态的、互惠的辩证关系。[1]

1939 年，杜威在回顾自己哲学的发展时写道，他曾试图在极端的原子多元论（atomistic pluralism）与封闭宇宙一元论（block universe monism）之间制定一条中间路线：

> 每个经验在其直接发生中都是环境条件和有机体的交互作用。因此，它包含了一些经验过的事情和一些正在经验的进程的融合。在其与一种生命－功能的同一中，相比像石头这样的简单事物或像红色这样的单一性质，经验在时间和空间上都更为广阔，其内在也更为复杂。因为，对活生生的生物来说，如果其经验的影响、范围和内容不比传统的特殊主义经验论所能提供的更多，那么它们就不能生存，不能靠纯粹的机遇生还。另一方面，不可能想象一个活生生的生物同时应对整个宇宙。换句话说，直接来自生物－人类学进路的

1　彼得·戈弗雷－史密斯指出了杜威的有机体－环境交互作用观念与理查德·列文汀斯（Richard Lewontins）的辩证生物学观念之间的某些相似之处。杜威肯定会同意列文汀斯的主张，即环境是有机体的产物，就像有机体是其环境的产物一样。参见 Peter Godfrey-Smith, "Organism, Environment, and Dialectics," in vol. 2 of Thinking about Evolution: Historical, Philosophical, and Political Perspectives, ed. Rama S. Singh et al. (Cambridge: Cambridge University Press, 2001), pp. 253–66.

经验情境理论从其本性上说就是一条原子多元论与块状宇宙一元论之间的中间路线。[1]

《反射弧概念》一文中的有机协同概念是杜威一生都在提炼和阐述的经验理论的最早提法之一：

经验首先是一个经受（undergoing）的进程：一种维持某些东西的过程；一个遭受和煎熬的过程，就这些词的字面意义来说，是一个情感受影响的过程。有机体必须承受和经历自身行动的后果……然而，经历绝不仅仅是被动的。即使最有耐心的病人也不仅仅是一个接受者。他也是一个行动者、一个反应者、一个实验者、一个考虑以某种方式去经历的人，而这种方式可以影响现在还在发生的事情……换句话说，经验是行动（doings）和遭受（sufferings）的同步发生。[2]

---

1 John Dewey, "Experience, Knowledge and Value: A Rejoinder," in *The Philosophy of John Dewey,* ed. Paul Arthur Schilpp (Evanston: Northwestern University Press, 1939), p. 544.

2 John Dewey, "The Need for a Recovery of Philosophy," in *1916–1917, Essays,* vol. 10 of *The Middle Works of John Dewey, 1899–1924,* ed. Jo Ann Boydston (Carbondale: Southern Illinois University Press, 1980), p. 8.

此外，正如杜威在《经验与自然》中所强调的："所谓'有机的'行动，不仅仅是属于内部结构的行动；它是有机体和环境相互联系的一个统一的过程。"[1] 我们将看到这种经验概念对于经验和自然的连续性至关重要。经验中产生的冲突、张力和问题需要积极地实验和重建。

罗伯特·布兰顿（Robert Brandom）对美国古典实用主义的反思为阐明杜威对黑格尔的自然化起到了启发作用。美国古典实用主义者是通过整合 19 世纪科学的智识特征的两种新模式而形成的，它们包括达尔文的进化论和统计科学解释的出现。布兰顿写道："实用主义始于皮尔士率先提出的科学哲学，该哲学将这两种解释性创新视为科学中的一个概念革命的诸方面。"[2] 这种概念上的转变具有重要的哲学意义。较早的机械物理学的基本模态（牛顿定律的模态）是必然性的。科学的解释在于表明，事物是通过严格的普遍

---

1　John Dewey, *Experience and Nature,* vol. 1 of *The Later Works of John Dewey, 1925–1953,* ed. Jo Ann Boydston (Carbondale: Southern Illinois University Press, 1981), p. 213；后文以 EN 表示，后接页码。

2　Robert Brandom, "Introduction: From German Idealism to American Pragmatism—and Back," in *Perspectives on Pragmatism* (Cambridge: Harvard University Press, 2011), p. 5；后文以 PP 表示，后接页码。

法则而具有必然性的。康德就是通过这种方式理解对自然现象的科学解释的。但是在进化论和统计学解释中，偶然性事件才是基本的；它们展示这些事件可能发生的条件。这场概念上的革命与实用主义者的可错论学说密切相关，威尔弗里德·塞拉斯概括了实用可错性的重要意义，他宣称："因为，经验知识，和其复杂延伸（科学）一样，是理性的，不是因为它具有一个基础，而是因为它是一种自我纠正的事业，它可以使任何主张处于危险之中，尽管不是同时让全部主张如此。"（EPM79）布兰顿使用"基础实用主义"一词来描述美国古典实用主义者的基本取向：

美国古典实用主义者寻求使经验概念自然化——即去神秘化和驯化它，使其脱离笛卡儿两个世纪来的拖累——的更具体的策略就是我所说的基础实用主义。它是这样一种观点，即我们应该将知道什么理解为一种知道如何（用赖尔的术语来表达的话）。也就是说，相信某物是如此这般的就被理解为它指的是做某事的实践能力。杜威尤其认为，到他那个时代为止的整个哲学传统都渗透着一种柏拉图主义或智识主义，即认为在每一个熟练的实践背后都有一种规则或原则，这种规则或原则可以通过概念或命题使之清晰。他将这种方法与相反的实用主义方法进行了对比，后者强调实践和实践能力隐含的语境，这些实践和实践能力形成了必要的背景，在这种背景下，单独的状态和表现作为有清晰内容的信念和判断才是可理解的。（PP9）

杜威将这种“基础实用主义”与达尔文进化论的哲学意义结合了起来。进化解释的首要主题是生物物种的产生和多样化的进程。但是，布兰顿继续说道，杜威概括了这种解释模式：

承认物种层面的进化和个体层面的学习具有共同的选择性结构。两者都可以理解为适应的过程，其中与环境的交互作用选择（保存和再现）了某些元素，而同时排除了其他元素。这种洞见被封存到习惯的概念之中，而个体学习的图景就是一群人的习惯通过选择得到进化。这个杰出的观点使得对认知连续体的自然主义解释成为可能，这种认知连续体从熟练应对强大的食肉动物发展到原始人类的实践智慧，再到文明人类的传统实践和常识，一直到最复杂的当代科学理论。所有这些都被视为生物进化的一部分，可以用同样的一般术

语来理解。（PP5－6）

“进化”“学习”“选择性适应”“习惯”——所有这些都成为杜威的经验和自然观念的关键表达。“自然主义预设”对杜威来说至关重要。人类既与自然的其他部分保持着连续，同时又表现出鲜明的特征。非还原论者的自然主义必须公正地对待贯穿自然的连续性和差异性，但必须避免形而上学的和认识论上的二元论。考虑杜威在其《逻辑：探究的理论》中关于“自然主义预设”的主张：

任何基于自然主义预设的理论都必须面对这样的问题，即划分出人类的活动和成就与其他生物形式之间的那些非凡差异。正是这些差异导致这样的观点，人类是通过非自然来源的性质而与其他动物完全分隔开的……在先的生物活动所产生的语言（就其最宽泛的意义而言）发展与广泛的文化力量的关联，才是这一转化的关键。这里考虑的问题，不是有机行为转变为某种与之完全不连续的事物的问题——例如诉诸理性、直观和先天性来解释这种差异时的情形。它是变化的连续性和新活动模式的出现这个普遍问题——任何层级上的发展问题——的一种特殊形式。[1]

杜威的实用自然主义强调有差异的连续性，并将这种自然主义与一种丰富的经验概念结合在一起。布兰顿的描述再一次富有启发性：

> 经验在这种［杜威的］意义上并不是点燃了某种内在的笛卡儿主义之光，即一种纯粹意识的自我开启事件的出现，它对经验主体来说是透明和不可纠正的。经验就是劳作（work）：通过距离施加力量。它是某种做出来的事情，而不是某种仅仅是发生的事情——它是一个参与实践、运用能力的进程，而不是一个片段。它是经验，不是就经历（Erlebnis）或感觉（Empfindung）的意义而言，而是就黑格尔的经验（Erfahrung）意义而言的……早期的经验主义者认为经验就是意识片段的出现，这些片段通过联想、比较和抽象之类的进程为学习提供了原材料。对于实用主义者来说，经验不是学习进程的一种输入。它就是学习，是感知和行动的进程，

1　John Dewey, *Logic: The Theory of Inquiry,* vol. 12 of *The Later Works of John Dewey, 1925–1953,* pp. 49–50；后文以 LTI 表示，后接页码。

接着是对行动结果的感知和评估，然后是进一步的行动，表现出检验—操作—检验—退出循环的重复迭代的、适应性的、条件分支的结构。最好不要将经验的结果视为知识项的占有，而是将其视为一种理解，一种对环境的适应性调整，一种对习惯的发展以便成功地应对意外事件。它是知道如何而不是知道什么。（PP6－7）

在布兰顿的解释中隐含的是这样一个观点，杜威一再强调：经验具有比知识宽泛得多的意义。在皮尔士之后，杜威更喜欢将探究说成一种自我纠正的进程，而不是认知。杜威对传统认识论的主要抱怨之一是，它仅仅在经验能否为知识做出贡献的范围内痴迷于经验。这种认识论上的痴迷歪曲了经验，因为经验实际上是有生命的。对有机体－环境的交互作用的经验并非首先是认知或知识活动。我们的大部分生活都是由与知识几乎无关的经验构成的。杜威经常将经验作为经历过的或曾经具有的东西来谈论。经验具有独特的性质特征，这使它们与其他经验区分开来。[1] 恋爱、在米其林三星

1 请参阅我在下文中对杜威的性质概念的讨论：Richard J. Bernstein, "Qualitative Immediacy," chap. 7 of *John Dewey,* pp. 89–99.

级餐厅的难忘一餐、亲密朋友去世所遭受的悲伤都是经验的例子。存在着无处不在的性质将这些经验与其他经验区分开。当然，大量的背景知识可能会为这些经验提供信息并塑造这些经验，但这并不意味着经历过的经验主要是知识方面的事情。经验既有空间也有时间的维度。有时杜威使用“情境”一词来指称“经验”。所谓主观的东西和客观的东西之间的区分是在一种情境或一个经验之内得出的。正是在情境或经验之内，要求解决的困难、紧张局势和问题出现了。杜威表明了这一点，他告诉我们“有许多名称可以用来刻画这些不确定情境。它们有纷扰的、麻烦的、含糊的、混乱的、充满冲突的、晦涩的，等等”（LTI109）。在杜威对经验的现象学描述中，具有这些特征的正是情境；它们不“仅仅”是心灵事件：

我们感到怀疑，是因为情境中固有的怀疑。凡是并非由某些生存情境唤起的，并且与之无关的个人怀疑状态，都是病理性的；当它们走向极端时就构成了怀疑癖。因此，纷扰、麻烦、混乱或晦涩的情境是无法通过操控我们的个人心灵状态来改正、澄清和整理的……对待怀疑，好似它只属于我们

自己，而非我们受困和纠缠于其中的生存情境，这种习惯是主观主义心理学的残余。（LTI109 – 10）[1]

在对其实用自然主义的发展中，杜威强调了在各种语境中的连续性。存在着：①经验内的连续性；②人类经验与非人类动物的有机体 – 环境交互作用之间的连续性；③常识性探究与科学探究之间的连续性；④经验与自然之间的连续性。我们已经看到，杜威的经验概念不仅是“心灵”的，这种心灵由孤立的且可分离的印象或感觉材料构成。杜威处理经验的有机体 – 环境交互特征的方式与最近的生态位理论密切相关。杜威还希望恢复我们谈论经验的常识方式的重要性，也就是当我们谈论例如经验丰富的工匠或一次巴黎之行的难忘经验时的方式。杜威主要关注的是人类的经验，但是有机体 – 环境交互作用的基本观点适用于所有有机体。

杜威在《经验与自然》中粗略地描述了自然交互作用三种不同的层次（plateaus）——每个阶段都包含了在其之下

1 关于杜威的情境概念有一个很好的解释，请参见 Steven Levine, “The Unboundedness of the Situation,” in “Pragmatism, Experience, and Answerability,” chap. 5 of *Pragmatism, Objectivity, and Experience* (Cambridge: Cambridge University Press, 2019), pp. 182–9。

那些阶段的功能和关系，因此，每个阶段都不能被孤立于在其之下的层次（或诸层次）去理解：

因此，物理的、精神－物理的和心灵的之间的区分都是自然事件中日益复杂和紧密的交互作用的层次之一。那种认为物质、生命和心灵代表不同种类的存在的观点是一种教条，它源于对最终机能的实体化，许多哲学上的谬误也正是这样产生的。这种谬误将事件的交互作用的结果转换成了导致这些结果发生的原因——这样一种颠倒，对那些机能的重要性至关重要，但却无可救药地使我们对这些机能的理解发生了混乱。（EN200）

为了说明他的意思，杜威写道："当原子和分子被显露于其他事件时，在它们的冷漠中，也表现出一种选择性偏向，即吸引和排斥。"（EN162）有生命的生物的第二个阶段的区分在于"物理－化学能量相互联系和运行的方式，由此不同的后果分别标志着无生命和有生命的活动"（EN195）。有生命的躯体力图维持活动的当下模式，并利用过去活动的结果以适应其所属系统所需的后续变化。因此，"铁元素就像这样表现出了偏向或选择性反应的特征……铁作为一个有组织的机体的真正成分，其动作就是倾向于维持它所属的这个有机体的活动形式”（EN195）。当人类开始发展语言[1]时，第三个阶段出现了。杜威经常因未能采取“语言学转向”而受到批评，但他强调了语言和交流在人类经验中的产生。《自然、交流和意义》一章的开头几乎是诗意的：

在一切事情中，交流是最为美妙的。事物能够通过外在的推和拉的活动转为向人，由此也向它们自己揭示自身；交流的成果是参与、分享，这是一个使圣餐变体论（transubstantiation）黯然失色的奇迹。当交流产生时，一切自然事件都需要重新考虑和修订；它们被重新调整以适应交谈的要求，无论是公共的言谈还是那种称之为思维的初始言谈，都是如此。（EN132)

1　这些阶段中的每一个都融合并转变了先前阶段的自然交互作用。因此，有机体结合了物理的阶段，而意义和心灵的阶段则结合了有机体的阶段。杜威在他的论文“兼容的哲学思想”中主张，社会是一种独特的哲学范畴，它融合并转变了心灵的、有机的和物理的范畴。这里同样也体现了连续性原则。参见 John Dewey, “The Inclusive Philosophic Idea,” in *1927-1928, Essays,* vol. 3 of *The Later Works of John Dewey, 1925–1953,* pp. 41–54.

杜威虽然受到达尔文有机体－环境交互的生物学模型启发，但也强调了人类生活的社会和文化维度：

正如亚里士多德所说，人是社会性的动物。这一事实将人类引入了情境并产生了问题及其解答，这在有机生物的层级上是没有先例的。在另一种意义上，人类比蜜蜂和蚂蚁更有社会性，因为人类的活动被包含在了文化传承的环境中，因此，人类的所作所为和行动方式不仅取决于有机结构和物理遗传，还取决于文化遗传的影响，这种文化遗传植根于传统、制度、风俗及其所携带和激发的那些目的和信念之中。（LTI49）

杜威强调了语言和交流在刻画人类经验中的重要性，但他对传统的身心二分法深表怀疑。对他来说心灵始终是具身性的。他创造了“身－心”这一笨拙的表达式来强调这种具身性。在杜威的自然主义中，“在探究的操作与生物学操作、物理学操作之间的连续性不存在断裂。‘连续性’……意味着理性操作来自有机体的活动，而与产生它们的东西并不同一”（LTI26）。

身－心仅仅是指，当一个活生生的身体牵涉到言谈、交流和共享的情境时实际发生的事情。在带有连词符的“身－心”短语中，“身”是指与自然其余部分（无论它是无生命还是有生命）相连续的要素的持续、保存、记录和累积的操作；而“心”是指这样一些特征和后果，它们是当“身”涉及一种更广阔、更复杂和相互依存的情境时，那些差异性、指示性特质的融合。（EN217）

马克·约翰逊（Mark Johnson）简洁地总结了杜威的具身性心灵的概念：

每当我们与环境的互动涉及通过符号交互的方式来识别模式、标记区分和协同行为的能力时，我们都可以恰当地谈论心灵。心灵是一种进化的成就，离开身体与其世界持续不断的交互作用，心灵就无法存在。因此，对于杜威而言，心灵不是一种固有的能力或独特的形而上学实体或基质。相反，心灵是从某些高度发展的有机体的努力中浮现出来的，这些有机体已经学会了通过使用符号来进行探究、交流和协同它们的活动。心灵是一种基本工具，像我们这样的生物通过这种工具就能够维持我们的存在、追求我们的各种幸福观念、分享意义并从事一种独特形式的探究，正是这种探究标记了我们这一物种。[1]

杜威充分意识到，当他区分三个新兴的进化阶段时，他只是在对这些阶段作一种粗略的刻画。当我们要求详细描述和解释无生命的自然交互作用如何产生生命和人类的交互作用时，我们必须转向研究科学探究中的特定发展。无论如何，哲学反思可以批评诉诸形而上学和认识论上的二分法来解释这些不同阶段和独特人类能力的出现。哲学反思必须始终对我们从科学探究中学到的东西持开放态度。这是杜威实用自然主义的基础。杜威也批评了对确定性的追求和认知的旁观者理论。我们获得的唯一确定性是这样一种实践的确定性，即它在原则上对批判性的修正持开放态度。而且，我们永远都无法在语言和世界之外找到这样一个位置，即将世界置于永恒的面相下。哲学的任务永远不会最终完成，它必须

---

1　Mark Johnson, *Embodied Mind, Meaning, and Reason: How Our Bodies Give Rise to Understanding* (Chicago: University of Chicago Press, 2017), pp. 40–1. 受杜威启发的马克·约翰逊发展了一种具身性心灵的理论，该理论考察了认知科学的最新发展。

根据我们从科学探究的新形式中学到的东西来一次又一次地运作它。在这方面，杜威与另一种哲学传统背道而驰：试图以一种不受我们从实验经验科学中学到的东西影响的方式来定义哲学。他反对的正是先验哲学的观点，就其作为一门与我们从科学探究中学到的东西相隔绝的纯粹学科而言。对于那些在概念分析和经验探究之间作出一种固定区分的当代哲学家[1]，他也会持同样的批评态度。杜威当然并不否认存在哲学反思的独特问题、关切和目标，而且它们会随着时间而改变。但是，哲学探究与科学探究在以下意义上是连续的，即前者必须始终准备着从新的科学发展中学习。这并不意味着哲学是一种“占位符”，它最终将被一种或多种自然科学的结合取代。杜威利用了他那个时代的科学，但是他坚持认为，随着新的科学探究的出现，自然主义本身必须重新被思考。杜威将会赞成约瑟夫·劳斯的自然主义概念，即将自然主义作为一种“处于历史境遇中的哲学方案”，它必须始终

1 罗蒂在他一篇早期“分析”论文中也提出了这一实用主义观点：“根本没有这样一种语言表达式的分类方法，它可以不顾将来的经验探究结果而保证其结果保持不变……没有一种方法能获得语言哲学家们梦寐以求的那种权威的中立性。” Richard Rorty, “Mind-Body Identity, Privacy, and Categories,” in *Richard Rorty: Mind, Language, and Metaphilosophy: Early Philosophical Papers,* ed. Stephen Leach and James Tartaglia [Cambridge: Cambridge University Press, 2014], p. 107.

做好应对新挑战的准备。（AW6）杜威郑重地采取了皮尔士的原则：不要阻碍探究之路！

杜威关于连续性的主张所受到的质疑成了最具争议的问题领域，它涉及经验与自然之间的连续性。杜威的主张经常受到人类中心主义的指控——以人类经验为基础并将其范畴投射到自然的其余部分上——尽管他宣称“经验既是对自然的经验也是自然中的经验。被经验的不是经验，而是自然——岩石、植物、动物、疾病、健康、温度、电力，等等。以某种方式交互作用的事物就是经验；它们就是被经验的东西”（EN12）。毫无疑问，杜威主要关注的是人类经验。深受伦理、政治和社会关切的鼓舞，他关注的是使人类得以照亮和丰富他们的经验，是通过重构经验使之得到智识的资助。

美国自然主义者莫里斯·科恩主张，杜威在贬义意义上是人类中心主义的——他对人类出现之前的自然状态不感兴趣。科恩主张经验是某种只会发生在人类身上的事情，经验只是自然事件的一种。它不能用来描述自然的所有东西。罗伯特·辛克莱总结了科恩最重要的反对意见：

科恩强调，如果我们对宇宙的理解并非保持为完全主观的，而是由客观后果决定的，那么它就不能在人类的思想和情感中被穷尽。由于杜威的人类中心自然主义在描述自然时就赋予了人类范畴过多的意义，因此未能保持住人类自然与非人类自然之间的，以及主观的人类经验与所经历事物的客观自然之间的至关重要的区分。没有它们，就无法提出一种适当的自然主义概念。[1]

科恩在一个关键点上显然是正确的。杜威最感兴趣的科学是生物学、心理学、人类学和新兴的社会科学。他对物理科学、数学或形式逻辑几乎不感兴趣。但关键的问题是，科恩认为杜威不能提出一种“恰当的自然主义概念”，这是否正确。让我们考虑杜威是如何回应科恩的。不言而喻，我们

---

1 Robert Sinclair, “Anthropocentric Naturalism,” in *Pragmatism, Science and Naturalism,* ed. Jonathan Knowles and Henrik Rydenfelt (Frankfurt: Peter Lang, 2011), pp. 17–8. 杜威的自然主义受到了其同时代批评家（桑塔亚那和科恩）的批评，辛克莱为杜威的回应提供了一种具有启发性的分析。他还在对戴维森和麦克道尔的自然主义的批判中表明了杜威“人类中心自然主义”的相关性。我们必须对“人类中心的自然主义”这一表达保持谨慎。当科恩谈到杜威的人类中心自然主义时，他是在贬义的意义上使用“人类中心”一词的——以暗示杜威正在将主观的人类特质投射到自然的其余部分。辛克莱是在一种较中性的意义上使用该术语的，强调哲学应从科学告诉我们的关于人类的东西开始。他将科恩和桑塔亚那的反对刻画为“自恋的反对”，即“杜威在宽泛的人类术语中对‘经验’和‘自然’的使用阻止了对自然的一种一贯自然主义观点的表述”（同上，第 14 页）。辛克莱展示了杜威是如何回答这种自恋的反对的。

只有通过人类的探究才能认识自然——无论是人类自然还是非人类自然。所有的探究都源于人类在有机体－环境的交互作用中出现的那些问题。但这并不意味着人类将其“主观”范畴投射到了自然上。相反，学科式探究的目的就是要区分仅仅是主观的东西和客观上可以保证的东西。通过科学的人类探究，我们对自然的认识不存在内在的限制。从杜威的角度来看，科恩混淆了人类探究的方法论特征与探究的有保证的结果——即当我们以一种学科式的方式进行探究时从自然中学到的东西。

在经验与自然之间存在一种循环，但这不是一种恶性循环。“对自然的分析和解释依赖于自然科学的结论，尤其是生物学的结论，但依赖于生物学本身就是依赖于物理学和化学。”[1] 说自然知识取决于我们从自然科学中学到的东西，这并不意味着“必须将作为被经验的经验事物的材料转译为物理科学的术语；这种观点导致了一种否认经验具有独特意义的自然主义，从而最终把自然主义与机械唯物主义等同

1 John Dewey, “Nature in Experience,” in *1939-1941, Essays,* vol. 14 of *The Later Works of John Dewey, 1925–1953,* pp. 142–3.

起来”。[1]

如果我们看看人类的历史，尤其是自然科学的历史发展，我们就会发现进步是相对原始经验而来的，在原始经验中，关于自然和自然事件的信念与今天科学的那些权威解释完全不同。同时我们发现，后者使我们现在能够形成一种经验理论，根据这种理论，我们可以说明这种从粗糙的经验向高度精练的科学结论的发展是如何发生的。[2]

简而言之，人类的探究产生于有机体－环境交互作用的语境之中，它不会对我们可以认识的东西产生任何内在的限制——无论是对远早于生命出现的地质年代的知识，还是对产生生命和人类生命的自然条件的知识。但是杜威认为，根据我们从科学中学到的知识（尤其是作为进化论的一种结果），我们可以开始理解人类经验是如何从非人类自然的交互作用中产生的。我强调“开始”，因为仍然存在许多尚未

1 John Dewey, “Nature in Experience,” in *1939-1941, Essays,* vol. 14 of *The Later Works of John Dewey, 1925–1953,* p.143.

2 同上。

解决的科学难题需要回答，以便提供有关人类经验在进化史中是如何产生详细答案的。当杜威坚持经验和自然的连续性时，他并没有预判我们将继续从科学探究中学到什么。与此同时，他强调指出，人类经验的独特特质使其与其他自然交互作用区分开来。[1]

我之所以简要介绍了杜威的自然主义，是因为我想探讨它与更为当代的自然主义版本之间的关系。关于杜威的一般主张及其讨论的细节，都可以提出很多问题。但是，我想讨论一个由布兰顿提出的主要批评。这将为讨论当代的自由自然主义提供一个过渡。布兰顿将他对美国古典实

---

1　杜威于 1951 年开始为《经验与自然》撰写一篇新导论。批评家们坚决拒绝理解他的经验概念以及他关于经验与自然的连续性的论断，这使他感到沮丧：

> 如果我在今天来写（或重写）《经验与自然》，我会将这本书命名为《文化与自然》，并且对特定主题的处理也将做相应修改。我会放弃“经验”这一术语，因为我越来越认识到，妨碍理解我对“经验”一词的使用的历史障碍实际上是无法克服的。我将代之以“文化”这一术语，因为以其在今天牢固确立起来的意义，它可以完全地、自由地表达我的经验哲学。（EN 361）

杜威深受他的哥伦比亚同事弗朗兹 · 博阿斯（Franz Boas）及其文化定义的影响：“文化包含了一个共同体的社会习惯的所有显像，受其所居住群体的习惯影响的个人反应，以及由这些习惯决定的人类活动的产物。” Franz Boas, “Anthropology,” in vol. 2 of *Encyclopaedia of the Social Sciences,* ed. Edwin R. A. Seligman and Alvin Johnson (New York: Macmillan, 1930), p. 79. 有关在杜威与博阿斯那里文化与自然的交织的讨论，请参见 Gabriel Alejandro Torres Colón and Charles A. Hobbs, “The Intertwining of Culture and Nature: Franz Boas, John Dewey, and Deweyan Strands of American Anthropology,” *Journal of the History of Ideas* 76:1 (2015), pp. 139–62。

用主义充满同情的讨论与一些非常尖锐的批评结合了起来。他反对他所谓的杜威的“工具实用主义”。[1] 他还和理查德·罗蒂一样认为，美国古典实用主义者未能采取“语言学转向”。[2] 他们未能将“语言置于哲学关切的中心，并从人们用以表达那些哲学问题的语言出发来理解哲学问题”（PP22）。布兰顿主要的——也可能是毁灭性的反驳——是杜威关于连续性的主张模糊了人类智识语言生物与非人类感知生物之间的巨大差异。尽管杜威承认人类语言和交

---

1　彼得·戈弗雷-史密斯和菲利普·基切尔表明，杜威的“工具主义”的含义与这一表达式在科学哲学中的当代使用几乎无关。他们两人都主张杜威发展了一种独特的实在论类型。对杜威实在论的解释和捍卫，参见 Peter Godfrey Smith, “Dewey on Naturalism, Realism and Science,” *Philosophy of Science* 69:supp. 1 (2002), pp. 25–35; Peter Godfrey-Smith, “Dewey and the Subject Matter of Science,” in *Dewey's Enduring Impact: Essays on America's Philosopher,* ed. John Shook and Paul Kurtz (Amherst, NY: Prometheus Books, 2011), pp. 73–86; and Philip Kitcher, “Deweyan Naturalism,” in *Pragmatism and Naturalism: Scientific and Social Inquiry after Representationalism,* ed. Matthew Bagger (New York: Columbia University Press, 2018), pp. 66–88. 还可参见 Steven Levine, “Dewey's Natural Realism,” in “Meaning, Habit, and the Myth of the Given,” chap. 6 of *Pragmatism, Objectivity, and Experience,* pp. 209–18.

2　关于一种对杜威经验概念的出色辩护, 请参见 Steven Levine, “Brandom, Pragmatism, and Experience,” chap. 2 of *Pragmatism, Objectivity, and Experience,* pp. 43–81. 莱文认为，罗蒂和布兰顿对杜威的“语言学”批评未能理解杜威（以及詹姆士）的经验理论的重要意义。他还有力地辩称，布兰顿对客观性的解释是有缺陷的。莱文表明了杜威（以及詹姆士）的经验解释对发展一种关于客观性的充分的实用主义理论的重要性和相关性。

流的重要性，但他未能清晰地划定人类掌握语言（尤其是推论性命题语言）时所产生的差异。杜威未能回答如下问题："语言（或推论性）实践的特点是什么？是什么使它们与前语言或非推论性的实践区别开来？"（PP28）布兰顿自己的语言学理性实用主义（linguistic rationalistic pragmatism）可以被视为对这些问题的持续的系统性回答。回答划界问题的关键是要承认我们的话语实践的独特规范性：

> 我的观点是，实用主义可以与一种语言学划界的理性标准——从而与一般推论性的理性标准——有效地结合在一起。我这里的意思是，根据我们是智识的而不仅是感知的存在者，区分出语言实践的是其给予和索取理由的核心实践。（PP29－30）

在列举了美国古典实用主义者进步的诸多方式之后，布兰顿声称他们没有分享"20世纪对语言以及对语言所建立和强加的语言与自然之间的非连续性的独特哲学关切”（PP55）。[1] 杜威犯了叫作“自然主义同化论”的罪（PP55）。[2] 布兰顿承认，“即使现在，我们仍未理清自然主义同化论与关于我们最独特的话语实践的规范例外论之间的紧张关系”，但他认为，对美国实用主义者的观念的推进方式必须是一种语言实用主义（PP55）。

当布兰顿谈到“规范例外论”时，我们听到了德·卡罗和麦克阿瑟在讨论自然主义和规范性时所提出问题的回声。进一步回溯（就像布兰顿所做的那样），我们在背景中听到了康德的声音——康德截然区分了理性的规范性特征并将其与自然相对比，自然是通过自然科学得到认识的。布兰顿最直接的前辈（也是其所受的一种主要影响，尤其是塞拉斯对我们概念能力的规范性社会语言特征的阐释）是威尔弗里德·塞拉斯。塞拉斯的《经验主义与心灵哲学》启发了“左翼塞拉斯主义”的整个传统，它包括罗蒂、布兰顿和麦克道

---

1　参见布兰顿在 PP，第 53–55 页中对古典实用主义发展趋势的分析。

2　尽管布兰顿在 PP 中对杜威提出了尖锐的批评，但他在未发表的 1976 年普林斯顿论文中对杜威提出了一种更为同情得多的解释。他对杜威的情境概念尤其有见地。他还表明，对杜威探究理论的重构指出了实在论者和工具主义者的主张是如何被实用主义的社会实践理论所取代的。参见 chap. 3 of Robert Brandom, “Practice and Object,” (Ph.D. diss., Princeton University, 1976)。

尔（McDowell），等等。他们赞同塞拉斯对所予神话的批评；他对传统经验主义、现象主义和逻辑实证主义的批评；他的反基础主义主张；他对自然因果关系和认识论上的证成的区分；他的“心理唯名论”，尤其是他著名的主张：“在将一个片段或一个状态刻画为认识到的片段或状态时，我们不是在经验描述那个片段或状态，我们是在将其置于理由的逻辑空间之中，即证成和能够证成一个人所说的话的逻辑空间。”（EPM76）[1] 经验概念和自然主义都没有在布兰顿的语言学理性实用主义中发挥任何重要作用，但是这两个概念对于麦克道尔来说都是至关重要的。[2] 麦克道尔是最早使用“自由自然主义”一词来命名他所捍卫的那种自然主义类型的当代哲学家之一。通过研究他的自然主义概念，我们就具备了一个基础来探究它们与杜威自然主义之间的关系。

---

1　有关塞拉斯、布兰顿和麦克道尔之间异同的一个非常有帮助而且清晰的讨论，请参见 Chauncey Maher, *The Pittsburgh School of Philosophy: Sellars, McDowell, Brandom* (New York: Routledge, 2012).

2　莱文在下文中比较和对比了麦克道尔的经验概念和杜威对经验的理解：Steven Levine, “Pragmatism, Experience, and Answerability,” chap. 5 of *Pragmatism, Objectivity, and Experience,* pp. 157–91.

# 第三章

# 自由自然主义

麦克道尔在《心灵哲学中的自然主义》一书中，将一种对自然的现代俗常的理解与理由逻辑空间的证成实践进行了对比：

> 在一种对自然的现代俗常的理解上，在说出事物是如何被置于理由空间之中的（即一种由其所含项之间的证成关系构成的逻辑空间）与说出事物是如何被置于自然之中的之间形成了一种对比。这种对比表明，属于理由空间的概念内容（如知识概念）不能根据属于相对比的逻辑空间（即自然中的位置空间）的概念来把握。[1]

不难看出麦克道尔所作对比中的康德色调。基于这种对比的自然概念起源于现代科学的兴起。麦克道尔在《心灵与世界》一书中将这种自然概念刻画为“祛魅”的自然——

1 John McDowell, "Naturalism in the Philosophy of Mind," in *Naturalism in Question,* p. 91.

意义被从自然中驱逐了出去，而我们将自然视为规律领域。麦克道尔将其称为“彻底的自然主义”，它主张康德和康德主义者称之为“自发性”的东西可以通过自然科学得到充分解释。彻底的自然主义最直截了当的版本是还原论，但是还有其他种类。麦克道尔对彻底自然主义的所有版本都持怀疑态度。[1] 尽管杜威没有使用“彻底的自然主义”一词，但他显然拒斥这种版本的自然主义。（像麦克道尔的许多批评者一样，杜威质疑这种作为规律领域的自然概念是否真的是现代科学所预设或认可的。[2]）不同于彻底的自然主义者，麦

1 实际上，麦克道尔的立场更加微妙。他并没有声称有一个决定性的论证可以表明彻底自然主义的方案是无法实行的。考虑一下他是如何描述自己的立场的：“我不必假装有一个论证可以表明彻底自然主义的方案——用属于自然科学的理解的逻辑空间的术语来重构理性逻辑空间的结构——是不能实施的。这里的关键在于，我的替代方案并且是我认为更令人满意的祛除方案（exorcism）的有效性削弱了一种哲学动机，即假定我的方案必须是可行的，这是唯一与我在本书中所关切的东西相关的哲学动机。假设在理性不是自然的（仅仅在彻底自然主义所赞同的‘自然’一词的意义上）这个思想中包含有洞见，这在哲学上并不会威胁到什么。” John McDowell, *Mind and World: With a New Introduction by the Author* (Cambridge: Harvard University Press, 1996), p. xxiii；后文以 MW 表示，后接页码。尽管麦克道尔并没有强烈主张彻底自然主义的方案是不能实行的，但他确实给出了很好的理由去怀疑一个方案必须是可行的。

2 正如我们将看到的，劳斯对以下主张提出了许多反对意见，即现代科学承诺了作为“规律支配”的自然的概念。另请参阅戈弗雷 - 史密斯在下文中对麦克道尔的现代科学刻画的批判：Peter Godfrey-Smith, “Dewey, Continuity, and McDowell,” in *Naturalism and Normativity,* pp. 304–21.

克道尔确实认为自然规律领域与理性空间之间的对比是真实的。“理性空间的结构顽强地抗拒被划入一种将自然视为规律领域的自然主义之内”（MW73）。也许有人会认为，麦克道尔将自己等同于那些坚持在自然与理性之间存在一种严格二分法的康德诠释者。但这并非麦克道尔主张的立场。麦克道尔并未质疑现代科学的成就，他质疑的是，祛魅了的自然概念是否是一种充分的自然概念——尤其是人类本性的概念。“即使作为自发性观念之家的逻辑空间与在相关意义上作为自然事物的观念之家的逻辑空间不能相一致，但概念性力量仍然在诸如我们的感性运作之中、在我们动物本性的现实化之中起作用。”（MW74）这最后一句话为麦克道尔版本的自由自然主义提供了至关重要的线索。尽管自发性（即我们概念性力量的来源）具有自成一类性（sui generis），但它不是非自然或超自然的。它对我们作为人类这种动物的本性来说是不可或缺的。麦克道尔在《心灵与世界》一书中通过诉诸亚里士多德——尤其是亚里士多德的伦理学——阐述了这种扩大了的自然概念。为了阐述一种充分的自然概念，我们需要融合康德和亚里士多德的洞见：

我们需要重新把握亚里士多德的如下观点，即一个正常的、成熟的人类存在者是一个理性的动物，但又不能丢掉康德的如下观点，即理性自由地运作于其自身的领域之中。这个康德的观点反映在理性空间的组织与自然规律领域的结构之间的对比之中。现代自然主义遗忘了第二自然；如果我们试图保留康德的思想，即理性在这种自然主义的框架内是自律的，那么就割裂了我们的理性与我们的动物性存在，而正是这种动物性存在给予了我们在自然中的立足之处。结果就是这样一种诱惑，即扔掉康德思想，并以彻底自然主义的方式将我们的理性自然化……我们需要将自己看作这样的动物，其自然存在就渗透了理性，即使是以康德式的术语恰当构想的理性。（MW85）

麦克道尔称这种扩大了的自然主义为“自由的自然主义”，它结合了亚里士多德和康德的洞见。限制性的或彻底的自然主义与自由自然主义形成了鲜明对比：

第一种进路是一种限制性的自然主义，其目的是将思维和认知的概念自然化，通过推行这样的概念结构，在这种概念结构中思维和认知都属于规律领域的框架。第二种进路是自由的自然主义，它不接受将思维和认知揭示为自然的，我们需要将思维和认知的概念于其中起作用的框架整合进规律领域之中。所有我们需要做的就是强调，它们是我们生活中的事件和状态的概念。[1]

麦克道尔版本的自由自然主义与杜威的自然主义有什么关系？[2] 尽管这两个习语截然不同，并且麦克道尔还考虑了塞拉斯、埃文斯（Gareth Evans）、戴维森（Donald Davidson）、罗蒂、维特根斯坦等人在当代所做的重大贡献，但两者仍然存在大量的实质性重叠。杜威对麦克道尔所说的“彻底的”或“限制性的自然主义”也持批评态度。[3] 与麦

---

1　McDowell, “Naturalism in the Philosophy of Mind,” p. 95.

2　麦克道尔在讨论自由自然主义时从未提及杜威。

3　阿尔布雷希特·威尔默（Albrecht Wellmer）对“彻底的”“限制性的”或“还原的”自然主义提出了另一种有见地的批评。他主张这是“一种错误的哲学世界观”：“但是，即使它是错误的，它也可能成为有效的，它有时在大众媒体上受到欢迎的热情表明，它并不是完全无效的。但是，毕竟，作为一种心理的和操控的社会技术实践的意识形态，它可能会产生致命的后果，即对民主社会和人类自由产生深远的破坏性后果。”Albrecht Wellmer, “On Spirit as a Part of Nature,” *Constellations* 16:2 (2009), p. 225. 杜威肯定会认同这种批评，即当还原的自然主义成为有效的意识形态力量时，这种对人类自由的威胁具有政治和道德上的危险。

克道尔不同，杜威并未将康德看作他的英雄之一。杜威对康德的解读就像黑格尔一样，即一个致力于不稳定的二元论（包括理性与自然的二元论）的哲学家。麦克道尔也受到了黑格尔对康德的批评的影响，但他本人拒绝诠释康德的二元论。麦克道尔之所以诉诸亚里士多德的第二自然概念，其基本原理是要表明我们可以使康德自然化。杜威会认为，对康德的这种自然化已经隐含在黑格尔那里了，后者在自觉地力图调和康德和亚里士多德。[1]

麦克道尔坚持康德自发性的特权性又是怎么回事？这当然不是杜威的语言。麦克道尔意识到，这种谈论方式有利于一种“柏拉图式”的超自然理性概念的解释。他将这样一种超自然的柏拉图式的理性概念称之为“膨胀的柏拉图主义”（rampant platonism）。这正是他的自由自然主义意图避

---

1　参见特里·平卡德（Terry Pinkards）在其书中对黑格尔的自然主义的讨论：Terry Pinkard, *Hegel's Naturalism: Mind, Nature, and the Final Ends of Human Life* (Oxford: Oxford University Press, 2012). 有关一种表明了黑格尔自然主义与杜威自然主义之间亲和性的对平卡德的批评和对黑格尔自然主义的辩护，请参见 Steven Levine, “Hegel, Dewey, and Habits,” *British Journal of the History of Philosophy* 23:4 (2015), pp. 632–56. 另见塞巴斯蒂安·兰德（Sebastian Rand）关于黑格尔《自然哲学》，尤其是黑格尔对第二自然的理解的讨论：Sebastian Rand, “The Importance and Relevance of Hegel's *Philosophy of Nature*,” *The Review of Metaphysics* 61:2 (2007), pp. 379–400.

免的东西。像杜威一样，麦克道尔力求避免对超自然主义作出任何让步——包括诉诸一种超自然(柏拉图式)的理性能力。[1]

> 为了避免将思维和认知视为超自然的，我们应该强调思维和认知是我们生活的一部分。生命的概念就是一个活生生事物的概念，因此显然是某种自然事物的概念。但是，对生命中某些方面的描述需要那些在理性空间中运作的概念。我们是理性的动物……思维和认知是我们作为动物的一部分。[2]

杜威更喜欢讲“理知”而不是“理性”，因为“理性”通常被认为是一种非自然或超自然的概念。但除此之外他将完全认可麦克道尔的主张，即思维和认知不是超自然的，而是我们自然生活的一部分。

不过，有人也许想将杜威对连续性的强调与麦克道尔对理性逻辑空间的特权性特征的坚持进行对比。我们应该记得，杜威肯定了那些将人类成就与其他生物形式划分开来的“非

---

1　麦克道尔将超自然的“膨胀的柏拉图主义”与一种“自然化的柏拉图主义”进行了对比。自然化的柏拉图主义接近亚里士多德的自然主义；它是第二自然的自然主义。

2　McDowell, “Naturalism in the Philosophy of Mind,” pp. 94–5.

凡差异”。[1]杜威与麦克道尔和其他左翼塞拉斯主义者一样，将这些非凡差异与人类语言的成就联系在一起。鉴于分析哲学已取得的成就的复杂性，我们的概念能力在麦克道尔那里获得了一种更为精细的阐述。但我不认为，在以下两者之间存在重大的实质性分歧，即杜威关于由人类语言的出现所引起的“非凡差异”的主张与麦克道尔关于自发性的特权性特征的主张。关于语言的出现，杜威写道：

语言产生于非理知的咿呀学语……但是，只要被召唤出来的语言是语言，并且作为语言起作用，它的作用就不是使那些产生它的力量永久存在，而是对那些力量进行修正和更改……关于语言机制所说的这些东西对每种机制都有好处……这些好处不仅仅是对产生它们的那些力量的润色，对舞台的无用装饰。它们是附加的力量……它们开辟了新的努力途径，并强加了新的劳作。[2]

1 杜威写道：“语言使野兽和人之间产生了差异，大体来说，自称的先验主义者比自称的经验主义者更了解这个事实。麻烦在于，这些先验主义者对语言的来源和地位缺乏自然主义的观念”（EN134）。

2 John Dewey, *Human Nature and Conduct: An Introduction to Social Pscychology,* vol. 14 of *The Middle Works of John Dewey, 1899–1924,* p. 57.

正如麦克道尔否认在自然与［概念性］规范之间存在间隙一样，杜威也是如此。杜威会完全认同麦克道尔的主张："现代哲学自认为受到了这样的召唤，要为主体与客体、思想与世界之间的二元论鸿沟架起桥梁。这种类型的意义进路试图弥合规范与自然的二元论。"（MW93）麦克道尔质疑这些二元论，包括自然和规范的"更深层次的二元论"，杜威也是如此。杜威还会同意麦克道尔的如下观点，"坚决不允许哲学从思想与其对象的关系中制造出一个秘密"（MW 138）。

但是，我们将看到，在杜威和麦克道尔之间存在着重大的差异——事实证明这是杜威的优势所在。这些差异已经在《心灵与世界》一书的一个关键段落中指出，麦克道尔在那里说，一旦我们掌握了第二自然的自然主义，就不需要进一步的建构性哲学：

我一直在描述的那种第二自然的自然主义正是我们思维的一种形态，它使得即便是最后的二元论（规范与自然的二元论——伯恩斯坦）似乎也不需要建构性哲学。仅仅教化（Bildung）这一观念就确保了意义的自律不是非人类的，而这将消除一种被理性规范或理性要求这一观念吓倒的倾向。它没有留下任何有关规范的真正问题，除了那些我们在对特定规范的反思性思维中要处理的问题之外，那只是一种并不是特别有哲学性的活动。不存在任何对建构性哲学的需求，专注于理性规范这一观念的哲学，忽视意义从其中进入视野的结构，它从自然主义立场出发威胁着要对自然祛魅。（MW94 – 95）

麦克道尔认为，现代哲学焦虑和执迷的主要根源来自这样一种假设，即为现代科学预设和担保的自然概念提供了一种充分的自然概念。如果我们消除了这个盲点，并且接受一种承认我们的第二自然的自由自然主义，那么由现代哲学产生的焦虑可能就消散了。这些哲学上的焦虑是没有根据的。一旦我们驱散了这些焦虑和执迷，我们的哲学工作就完成了。这被称为麦克道尔的“寂静主义”，其中哲学的首要任务是治疗性的，即发现和揭示导致哲学焦虑的误导性前提和二元论，从而驱散这些焦虑。

许多与麦克道尔同时代的人对这种寂静主义都持极端批评态度，其中包括约瑟夫·劳斯和彼得·戈弗雷 – 史密斯。

他们对麦克道尔提出了非常符合杜威精神的批评。劳斯指出，麦克道尔并不认为“需要任何建构性哲学或科学工作来把握概念能力（包括科学理解能力）是如何与对自然的科学理解相兼容的”（AW12）。对于麦克道尔来说，“只有被误导的哲学焦虑才会促使人们进一步探究理性的自发性是如何激发人类的生物潜能的”（AW12）。就像杜威会说的一样，劳斯肯定说：“麦克道尔在以下这点上是正确的，我们所接受的自然与科学概念预先阻止了对科学所理解的自然作一种更彻底的自然主义整合。”（AW13）但与麦克道尔不同的是，劳斯断言，这种概念上的僵局要求我们重新进行哲学反思和科学探究，而不是默认。“这种反思和探究应当建设性地推进我们的自我理解，而不仅仅是缓解我们对自己在世界上的概念立足点的反复的哲学焦虑。”（AW13）杜威显然会同意劳斯。[1]

虽然劳斯并未提及约翰·杜威，但彼得·戈弗雷－史密斯从杜威的角度明确地批评了麦克道尔。戈弗雷－史密斯是杜威当代意义的最有力的拥护者之一。他提醒我们，麦克

1　在《阐明世界》的导言中，劳斯说，他的书“承担了对人类概念能力进行批判性反思的义务”，而恰恰是在这一点上麦克道尔敦促哲学和科学的节制（AW13）。

道尔对第二自然的理解旨在“描述我们的第二自然，这是一种对一套技能和习惯的描述，这些技能和习惯对受过良好教育的人来说是自然的”。[1] 像劳斯（以及杜威）一样，戈弗雷-史密斯赞成一种被麦克道尔所拒斥的研究的可行性和重要性。即使我们接受麦克道尔对第二自然和教化的描述，仍然存在着重要的哲学和科学问题需要从建构上去解决。[2] 构成第二自然的习惯和技能的集合是什么？[3]“它［第二自然］给我们彼此乃至我们与整个世界带来的是何种协同？”[4] 麦

---

1 Godfrey-Smith, “Dewey, Continuity, and McDowell,” p. 314.

2 杜威的宽泛而深刻的教育观念相当于麦克道尔的教化。考虑杜威在《民主与教育》（Democracy and Education）中的著名宣言：“如果我们愿意将教育视为这样一种进程，它形成了面对自然和同胞的、智识和情感上的基本性格，那么甚至可以把哲学定义为教育的一般理论。” John Dewey, *Democracy and Education,* vol. 9 of *The Middle Works of John Dewey, 1899–1924,* p. 338. 稍后，我将指出基切尔赞同这一杜威式的主张。

3 有关一种对杜威第二自然概念（其黑格尔背景、与习惯的关系，以及它如何关系到道德、艺术和社会批评）的出色讨论，请参阅 Italo Testa, “Dewey, Second Nature, Social Criticism, and the Hegelian Heritage,” *European Journal of Pragmatism and American Philosophy Online* 9:1 (2017). 另请参阅杜威在 1897 年关于黑格尔的演讲，特别是他对习惯的讨论：John Dewey, “Hegel’s Philosophy of Spirit: 1897, University of Chicago,” in John R. Shook and James A. Good, *American Philosophy: John Dewey’s Philosophy of Spirit, with the 1897 Lecture on Hegel* (New York: Fordham University Press, 2010), pp. 130–1.

4 Godfrey-Smith, “Dewey, Continuity, and McDowell,” p. 315.

克道尔认为，他可以驳斥此类问题，因为这些问题对我们的第二自然采取了他所谓的“旁观”（sideways-on）视角。[1] 但是，麦克道尔基于什么理由来拒绝和驳斥这些问题呢？提出这样的问题并不意味着要退回到熟悉的现代哲学的架桥计划。它可以用我们在杜威那里发现的自然主义类型来展开——一种强调连续性而非二元论的自然主义。

麦克道尔显然反对一种他将之与“规律领域”联系在一起的自然主义形式。但是，正如戈弗雷－史密斯所正确指出的那样，包括杜威在内的许多自然主义者都“将否认规律是科学观的核心，无论是在总体上还是在理解人类能力的语境下”。[2] 麦克道尔的寂静主义的真正弱点是他对第二自然的

1　麦克道尔明确拒绝提出这样的问题：“是什么构成了理性空间的结构？”他指出，“如果我们以解决这个问题为己任，那么我对第二自然的援用，虽然是粗略和没有系统性的，看起来至多是对一种恰当回应的承兑期票。但这将误解我的意思。我认为，如果有人提出像‘是什么构成了理性空间的结构？’这样的问题，我们有资格给出的回应不过是耸耸肩之类的事情罢了。”（MW178）

2　Godfrey-Smith, “Dewey, Continuity, and McDowell,” p. 316. 戈弗雷－史密斯在他的《生物学哲学》（*Philosophy of Biology*）中写道：“从哲学的视角看生物学，人们注意到的第一件事之一是，科学规律显然没 有多大作用。”（彼得·戈弗雷－史密斯：《生物学哲学》，普林斯顿：普林斯顿大学出版社，2014 年，第 11 页。在对批评者的回应中，麦克道尔对以下做法表达了他的遗憾，即“将第一自然和第二自然之间的区分与规律领域和理性空间之间的区分相统一”。他告诉我们“有两点要放弃”：

> 首先，如果要把握与塞拉斯所描述的“理性逻辑空间”形成鲜明对比的逻辑空间的观念，“规律领域”就是一种糟糕的尝试。我想提出的是自然科学的可理（转下页）

理论研究的反感。例如，麦克道尔意图阻止以下类型的探究：

假设我们有一位哲学家［比如杜威——伯恩斯坦注］，他充分注意到传统中的失误，尤其是在思想与自然之间建立起界限，而且他也不认为科学执迷于将事件锁进规律。这位哲学家想要做的就是问一些一般性问题：我们使用规范性概念时所涉及的“思想和行动习惯”是如何与我们的其他事实

---

（接上页）解性领域，而错误的做法就是暗示所有的自然科学解释就是将现象纳入规律。特别是，这会使人对生物学的可理解性产生歪曲的理解。John McDowell, “Responses,” in *John McDowell: Experience, Norm, and Nature,* ed. Jakob Lindgaard (Oxford: Blackwell, 2008), p. 220.

但是，尽管麦克道尔对诉诸规律领域表达了自己的保留意见，但他并没有通过“自然科学的可理解性”来阐明他意指的究竟是什么。稍后，我们将看到劳斯以一种与杜威近似的方式挑战了麦克道尔对“自然科学的可理解性”的理解。麦克道尔放弃的第二点更能说明问题：

其次，第二自然的概念与理性逻辑空间的观念并不直接吻合。我们人类的第二自然使我们成为理性逻辑空间的居民。但是，第二自然的观念也适合于这样的动物习性，即动物在出生时尚不具有的、且不是仅仅通过生物的成熟就获得的习性（例如，就人类男性而言有生长面部毛发的倾向），而是通过教育、习惯或训练所传授的习性。在这种意义上，训练有素的狗狗就具有第二自然。一只受过训练的狗的第二自然的表现，例如服从命令，具有这样一种可理解性，即与其第一自然的表现的可理解性并没有什么有趣的差异。这种可理解性，即使它属于第二自然的现象，也不是一件属于理性逻辑空间的事情。（同上）

麦克道尔澄清了一些在《心灵与世界》中不清楚的地方：非人类动物具有第二自然。同样清楚的是，麦克道尔指的是可以借以训练动物养成习惯的方式。如果麦克道尔追求的是不同种类的动物借以具有第二自然的连续性和差异性的方式，那么他可能已经发展出了一种杜威式的进路，即其中存在的是“有差异的连续性”，而不是坚持在人类与非人类动物之间的截然断裂。

相关联的，以及这些习惯是如何作为人类的认知工具发挥作用的。当这位哲学家说，这样一种研究应该与我们从科学中学到的东西相吻合时，不要以为他说的“科学”是“物理学”。相反，想一想社会心理学，这个领域充满了几乎没有被哲学开发过的最惊人的成果。想一想比较心理学，它已经越来越关注各种非人类动物与文化学习这一关键人类特征部分类似的那些方式，并且强烈关注人类世系是如何以及为何迈出这非凡一步的。（AW13）[1]

杜威将会完全赞同戈弗雷－史密斯的主张，即关于对我们从科学中学到的东西的考虑的主张——尤其是与人类研究紧密相关的科学。戈弗雷－史密斯对麦克道尔的杜威式批评凸显了一种更普遍的批判。麦克道尔一遍又一遍地断言，现代科学致力于在规律领域的框架之内理解自然。但是，这一总体主张的依据是什么？在将现代科学刻画为一门单一的统一学科时，存在着某种令人深感不安的东西——一种隐藏的

---

1　另请参阅莱文在下文中对麦克道尔如何理解“旁观”视角的杜威式批判：Steven Levine, “Meaning, Habit, and the Myth of the Given,” chap. 6 of *Pragmatism, Objectivity, and Experience,* esp. p. 224.

本质主义。麦克道尔并未尝试通过分析不同科学中实际发生的事情来证成自己的主张。从事实际科学的细致研究的科学哲学家们，比如约翰·杜普雷（John Dupré）和南希·卡特赖特（Nancy Cartwright），对所谓“现代科学”的观念提出了质疑。[1] 包括自然科学在内的各种科学之间存在着巨大的多样性。将“现代科学”说成就像一种致力于自然的单一概念的单一学科，这是一种误导性的神话。尽管麦克道尔反对自然主义的还原论，但麦克道尔似乎承诺了一种不同类型的还原论，通过这种还原论，所有现代科学都可以被还原到“规律领域”。尽管麦克道尔关心的是人的本性，但他从未真正考虑过进化论（无论是古典的达尔文形式还是当代的修正形式）是如何有助于我们对人类的理解的，包括他们的语言能力、思维和认知。他也没有考虑生态科学与理解人类的相关性。即使我们同意所有的自然科学最终都依赖于物理和化学（就像杜威所做的那样），但将进化论和所有与生

1 参见 John Dupré, *The Disorder of Things: Metaphysical Foundations of the Disunity of Science* (Cambridge: Harvard University Press, 1993); John Dupré, "How to be Naturalistic without Being Simplistic in the Study of Human Nature," in *Naturalism and Normativity,* pp. 289–303; and Nancy Cartwright, *How the Laws of Physics Lie* (Oxford: Oxford University Press, 1983).

物有关的科学归类为存在于规律领域的框架之中，这还是一种粗糙的简化。[1]

麦克道尔和其他左翼塞拉斯主义者们理解概念的方式还有一些令人不安的东西。对于麦克道尔来说，适合被当作概念的东西必须是某种可以被纳入一个判断（或一个命题）的东西。[2]这种思维方式的灵感显然来自康德——以及威尔弗里德·塞拉斯的康德主义。人具有概念能力，能够作出判断和推论，并有能力证成主张，这个观点是没有争议的。正如麦克道尔所说，“哑巴动物没有康德式的自由”这一主张几乎是不言而喻的（MW182）。谁会否认这一点呢？[3]康德和

---

1　麦克道尔从未提供一种对其“规律领域”所表达含义的详细分析，也没有证成他的如下主张，即彻底自然主义将自然视为规律的领域。

2　麦克道尔在《心灵与世界》中预设，为了将经验视为概念能力的现实化，我们需要将命题内容归之于经验。但在其后来的文章“避免所予神话”（Avoiding the Myth of the Given）中，他拒绝了这个假定。他引入了非推论性的“直观内容”概念。然而，他声称直观内容是概念性的：

> 如果直观内容不是推论性的，那么为什么还要坚持说它是概念性的呢？因为一个直观内容的每个方面都是以这样一种形式呈现的，在其中它已经适合于作为与推论能力相关联的内容，如果它实际上没有（至少还没有）如此相关联的话。这就是以下说法的部分力量，用康德的话来说，即赋予直观以统一性的同一个机能也赋予了判断以统一性。John McDowell, “Avoiding the Myth of the Given,” in *John McDowell: Experience, Norm, and Nature,* p. 7.

3　麦克道尔在其《心灵与世界》的“后记”中说，他“不希望贬低它们的［非人类动（转下页）

塞拉斯所激发的许多哲学思考都与澄清概念能力、判断和推论的意义和作用有关——与那种我们可以推进、证成和批评理性的言语类型有关。但是，存在这样一种危险，即这种前见对人类在作出和证成判断时如何运用概念的关注是排他性的。如果这成为"真正"的概念性的范式，那么我们不得不说非人类动物"严格地讲"不具有概念能力，因为它们不具有作出和证成判断的能力；他们不具有康德式的自发性。[1]

---

（接上页）物——伯恩斯坦］生活与我们的生活相类似的那些方面"（MW183）。但同样清楚的是，麦克道尔对如下问题没有表现出任何兴趣，即对非人类动物生活的科学研究如何可能使我们更好地理解人类是如何获得其概念能力的。尽管麦克道尔对如此困扰现代哲学的二元论提出了尖锐的批评，尽管他诉诸第二自然和教化，但人们可以感到，在其思想核心承诺了一种更深层次的二元论。麦克道尔坚持认为我们人类是人类动物。但是，正如我们的接受性始终已然是概念性的一样，我们的动物性也渗透了康德的自发性——即"在于对推定的理性规范的潜在反思性回应的自由"（MW182）。因此，在我们（人类）的动物性与非人类的动物性之间存在一种根本性差异。哑巴（非人类）动物缺乏康德的自发性。麦克道尔并未尝试探讨"哑巴动物"与具有康德自发性的生物之间的等级和连续性。在具有康德自发性的动物与那些不具有这种自发性的动物之间存在一种二元论。杜威的连续性论题则对人类与非人类动物之间这种激进的二元论提出了挑战。

1　麦克道尔对此非常明确："我利用康德式自发性观念的方式迫使我对诸如'概念'和'概念性'这样的语词做出严苛的解释。从严苛意义上说，对于概念能力而言，至关重要的是它们可以在主动的思维中得到利用，这种思维是向着对其自身合理性资质的反思敞开的。"（MW 47）他在这段话的脚注中告诉我们："由于它有助于表明概念性的相关观念是何等严苛，因此值得注意的是，这种对反思的开放性蕴涵着就思维主体而言的自我意识。"（同上）鉴于概念性这种"严苛性"，绝对清楚的是，"野蛮的"动物以及甚至前语言的婴儿都不具有概念。麦克道尔从未探讨过这样的可能性，即可能存在一种重要的、但意义没那么严苛的概念性。

麦克道尔对康德自发性的理解以及他对严格解释"概念"和"概念性"的承诺还有另一个尴尬的后果。通过将他与塞拉斯进行比较，我们可以看到这一点。当塞拉斯（转下页）

我们是智识的生物，而他们（非人类动物）仅仅是感知的生物。但是，这种对“理性逻辑空间”的执迷，容易使我们对

---

（接上页）引入“人在世界中”的显像图像时，他告诉我们，正是“这个框架使人在其中开始意识到自己是人在世界中”：

> 我已经给出了我们引以为傲的建构位置这一准历史维度，因为我想从一开始就强调那种可能被称之为人遭遇自身的悖论是什么，这种悖论包含了这样一个事实，即人只有当他遭遇到自身时才能成为人。正是这一悖论支持了神创论（Special Creation）的负隅顽抗。它的核心主题是这样的观念，即任何可以被恰当地称之为概念性思维的事物都只能在一种概念性思维的框架内发生，根据这种概念性思维框架可以对事物进行批评、支持、反驳，简而言之，进行评估。能够思维就是能够以正确性标准、相关性标准和证据标准来衡量一个人的思想。在这个意义上，不论这样说有多粗略，一个多样化的概念框架就是一个优先于其部分的整体，并且它不能被建构为一种已经具有概念性特征的部分的集合。很难避免得出这样的结论，即从前概念的行为模式到概念性思维的转变是一种整体性的转变，一种向着不可还原的崭新意识层级的跳跃，一种成为人类的跳跃。Wilfrid Sellars, “Philosophy and the Scientific Image of Man,” in *Science, Perception and Reality* (New York: The Humanities Press, 1963), p. 6；后文以 PSI 表示，后接页码。

尽管麦克道尔拒绝塞拉斯关于显像图像与科学图像的相冲突的主张，但他确实接受了上文对概念性思维的刻画。鉴于麦克道尔对康德自发性的理解以及概念性思维的严苛意义，他致力于这样一个论点，即在进化的过程中，随着一种可以进行概念性思维的物种出现，一种跳跃（一种彻底的不连续性）出现了。具有讽刺意味的是，尽管他对二元论持怀疑主义态度，但他肯定了人类与自然其余部分（包括所有那些缺乏康德自发性的动物）之间的一种彻底二元论。关于对麦克道尔“理智主义”的批评，以及一种阐明概念和概念性能力的复杂性的替代进路（它与杜威的实用自然主义更一致），请参见 Elisabeth Camp, “Putting Thoughts to Work: Concepts, Systematicity, and Stimulus-Independence,” *Philosophy and Phenomenological Research* 88:2 (2009), pp. 275—311. 杜威肯定会赞同她的总结性陈述：

> 概念性思维是一件奇妙的事，但正如越来越多的理论家所争辩的，它并非是在完全成熟的情况下，裹着闪闪发光的语言铠甲而跃入一种由原始刺激的野兽反应构成的蒙昧世界的。相反，它是自然地从认知能力中生长出来的，许多各种各样的动物都在或多或少的程度上表现了这种认知能力。它也是与非认知能力并存的，这些非认知能力对生存和繁盛来说同样是精致或至关重要的。尽管概念在自然中的位置可能很特殊，但它并不是绝缘的。Camp, “Putting Thoughts to Work,” p. 306.

非人类动物和人类动物之间的连续性失去敏感。[1] 它屏蔽了我们通过以下研究进一步了解我们的概念能力的可能性，即研究这些概念能力在非人类动物，尤其是那些在进化发展中与我们接近的“高等”动物那里是如何被预料的。[2]

---

1 麦克道尔承认我们与“哑巴动物”具有相同的“知觉敏感性”，但他立即补充说，这种知觉敏感性有两类，“一类渗透了自发性而另一类则独立于自发性”（MW69）。但是，他没有解释这两个物种所共享的是什么。他也没有解释涵盖了知觉敏感性这两个物种的属。麦克道尔在他的第六个演讲中借鉴了加达默尔（Gadamer）来指出非人类动物（缺乏康德自发性）与人类动物之间的差异。非人类动物拥有一种环境；人类动物则拥有一个世界：

> “正如加达默尔所说，获得知性的自发性就是变得能够‘克服从世界而来的冲击我们的东西的压力’（《真理与方法》（*Truth and Method*），第 444 页）—— 一连串的问题和机会都是由生物学命令如此构成的——以进入一种‘自由的、遥远的取向’（第 445 页）。这种取向是自由的，它超越了生物学需求的压力，这一事实将其刻画为一种对世界的取向。”（MW 115–116）

但是，即使这种区分人类动物与非人类动物的方式也加强了它们之间的一种极端二分法。“在单纯的动物 [ 非人类动物——伯恩斯坦 ] 那里，感知服务于一种仅仅由直接的生物学命令构成的生活模式”（MW 115）。

2 有关进化生物学和哲学的最新经验和理论发展如何支持对语言和 / 或概念能力的新理解方式的精彩讨论，请参阅 Joseph Rouse, “Conceptual Understanding as Discursive Niche Construction,” pt. 1 of *Articulating the World,* pp. 39–198, esp. chap. 3, “Conceptual Understanding in Light of Evolution,” pp. 86–130. 詹妮弗 · 韦尔奇曼（Jennifer Welchman）对麦克道尔的如下主张提出了一种杜威式的反驳，即试图对意义响应做出自然主义解释是“幼稚可笑的观念”：

> 我认为，一种对第二自然的实用自然主义进路减少了其神秘性，但不会减少其在理解人格、价值或实践理性中的重要性。我们必须放弃麦克道尔的观点，即第二自然可以避开生物学规定性或在自然规律的广泛限制之外行事。但杜威会强调说，它使我们可以“结束生活在两个不相关世界中的不可能的尝试”，这里这两个世界的差异无法弥合。Jennifer Welchman, “Dewey and McDowell on Naturalism, Values, and Second Nature,” *Journal of Speculative Philosophy* 22:1 (2008), p. 57.

麦克道尔的概念论不是基于对人类和非人类动物的经验研究。相反，鉴于他对概念的理解，这是一个先天真理，它隐含在对什么是“真正”的概念性——“严苛意义”上的概念性——的理解之中。因此，它不需要任何经验辩护。对他来说，概念性是无边界的，这意味着我们有意识地领会到的所有事物，包括我们的直观和知觉都浸透着概念。[1] 对麦克

关于她对麦克道尔的实用自然主义回应，请参见 Jennifer Welchman, “Zwei Arten von Naturalismus, zweiter Natur und kommunikativen Praktiken: Eine pragmatistische Antwort auf McDowell,” in *Die Gegewart des Pramatismus,* ed. Martin Hartmann, Jasper Liptow, and Marcus Willaschek (Frankfurt: Suhrkamp, 2013), pp. 223–52. 凯文·邓普（Kevin Temple）在他写于 2017 年社会研究新学院的未发表论文《回答德雷福斯的挑战：朝向一种没有理智主义的概念理论》（Answering Dreyfus’ s Challenge: Toward a Theory of Concepts without Intellectualism）中辩称，我们可以调和以下两种明显矛盾的观念，即人类具有获得关于世界的理性客观知识的概念能力和同样的理性能力在某种意义上与其他动物必须是连续的，最直接的是那些其他类人猿。圣地亚哥·雷伊（Santiago Rey）在他写于 2016 年社会研究新学院的未发表论文《世界造就肉身：一种对概念性实践的立体解释》（Worlds Made Flesh: A Stereoscopic Account of Conceptual Praxis）中以一种不同的方式挑战了麦克道尔对概念的康德式理解。

1　麦克道尔声称他的概念论是基于他对康德自发性的解释。在过去的几十年中，关于康德本人是否是一个概念论者，以及如果他是概念论者那么他是哪种概念论者，都进行了激烈的辩论。这个问题不只是一个学术问题，而且它还提出了一个关键问题，即是否有可能对知觉提出一种不涉及概念但又避免了所予神话的解释。有关处理对康德的概念论与非概念论解读的近期文章的一个精彩文集，请参见 *Kantian Nonconceptualism,* ed. Dennis Schulting (New York: Macmillan, 2016). 罗伯特·汉纳（Robert Hanna）在他下面的论文中强烈辩护了一种非概念论版本（非概念性的表征内容）：Robert Hanna, “Beyond the Myth of the Myth: A Kantian Theory of Non-Conceptual Content,” *International Journal of Philosophical Studies* 19:3 (2011), pp. 323–98. 他还辩称，与麦克道尔的解释相反，康德赞同非概念论。

道尔来说，康德的自发性是一件要么全有、要么全无的事情（an all or nothing affair）。我们不必否认，自发性在人类行使其较高概念能力以及可以作出判断的方式中是某种与众不同的东西。但是，麦克道尔的概念论没有留下这样的余地，即看一看非人类动物可以做的一些非凡之事如何可能有助于阐明在对康德自发性的获取中的那些程度和等级。[1] 麦克道尔并不否认我们可以从进化论和其他有关动物（无论是人类还是非人类）的科学中学到非常多东西。但他似乎认为，这些科学无法阐明康德自发性的独特之处。今天，有许多这样的哲学家，他们不是还原论者，也不接受传统形而上学和认识论的二元论，比如戈弗雷－史密斯、菲利普·基切尔、詹妮弗·韦尔什曼、约瑟夫·劳斯、露丝·米利肯（Ruth Millikan）和丹尼尔·丹尼特（Daniel Dennett）这样的哲学家，他们主张，关于我们的概念能力，我们可以从自然科学，尤其是从进化论中学到非常多东西。实际上，他们像

1　尽管麦克道尔从对康德的解读中获得了他关于自发性的观点，尤其是他"自发性必须如此构成我们的感性运作"的论题，但麦克道尔对康德并非持批评态度。他在《心灵与世界》中写道："由于……[ 康德 ] 没有深入地思考过一种第二自然的自然主义，并且由于彻底的自然主义对他没有吸引力，因此他无法为这种必不可少的概念与直观的实在的联系找到一个位置。在这种困境中，他别无选择，只有将这种联系置于自然之外，置于一种先验框架之中。"（MW98）

杜威一样，认为在哲学概念分析与经验科学探究之间存在一种更为辩证的关系。[1]尽管麦克道尔反感哲学二元论，但他的概念论又重新巩固了一种人类与“哑巴动物”之间的严格二分法。[2]麦克道尔告诉我们，思维是具身性的，但他并不

---

1　布兰顿批评杜威未能进行“语言学转向”。但塞拉斯、戴维森、罗蒂、布兰顿和麦克道尔都已经理解到在语言学转向的道路上存在着一种缺陷。他们都接受某种与塞拉斯如下说法相像的东西，即“心理唯名论，据此所有对分类、相似、事实等等的意识，简言之，所有对抽象实体的意识——实际上，甚至所有对殊相的意识——都是一种语言事件”（EPM 63）。这导致他们断言，概念性意识在某种程度上都是语言的，即它基于或要求对推论性语言的掌握——掌握这样一种生物的语言能力类型，这种生物可以具有信念、做出判断并进行推论，即布兰顿术语中的智识生物。鉴于意识、概念和语言之间这种紧密联系，主张非人类动物也具有概念的那种可能性就被阻塞了。塞拉斯承认，非人类动物和人类（在他们获得语言之前）都表现出了作为差别行为的意识（awareness-as-discriminative-behavior）。但是这种“原始”意识不是概念性的。误以为它是概念性的就会沦为所予神话的牺牲品。尽管罗蒂接受塞拉斯的心理唯名论学说，但与布兰顿和麦克道尔相反，他宣称这是与实用自然主义相兼容的。有关对罗蒂实用自然主义的说明和辩护，请参见 Bjorn Ramberg, “Naturalizing Idealizations: Pragmatism and the Interpretivist Strategy,” *Contemporary Pragmatism* 1:2 (2004), pp. 163.

麦克道尔在演讲的最后几页中提到了迈克尔·达米特（Michael Dummett）的主张，即“分析哲学的基本宗旨是，关于思想的哲学问题要通过语言来解决”（MW124）。麦克道尔承认，直到这里为止，他在对康德自发性的分析中几乎没有提到语言。人类不是出生于理性空间之中的。他们在走向成熟的过程中才转变成了思考者和意向性行动者。他断言，这种转变没有任何神秘之处：

> 但是，在作为人类正常成熟的核心要素的教化观念中，如果我们给予语言学习以荣耀的地位，那么我们就可以从容地对待这种转变。在介入一种语言的过程中，一个人就被引入了某种这样的东西之中，在她出场之前，这种东西已经体现了概念间推定的理性链接，这些链接推定性地构成了理性空间的布局。（MW125）。

或者，正如他稍后在“第六讲后记”中所述：“介入一种语言就是介入一种关于理性空间布局的现行观念。”（MW184）

2　辛克莱还从杜威的视角批评了麦克道尔（以及戴维森）：（转下页）

是真的有兴趣探究具身性心灵的特征。他似乎认为，当他引入第二自然和教化的概念时，关于教化是如何具身化和被培养的，就无须多说了。杜威坚持打破身心的二元论，目的就是要阐明具身性心灵所牵涉的是什么。马克·约翰逊（Mark Johnson）简要总结了杜威的观点：

> 杜威建立自己的心灵和思想理论的假设是，人类是一个活生生的有机体，至少具有一种总体上功能正常的大脑和身体，与各种环境（包括物理、社会和文化环境）进行持续的交互作用。心灵具有深层的生物学维度，但从根本上讲也是一种社会现象……杜威试图以非二元论的方式来解释“心灵”及其所有运作和活动，也就是基于活生生的人类生物的身体运作，这种生物本身是先前进化史的结果，通常已经经历了

---

（接上页）戴维森和麦克道尔关于心灵 - 世界区分的表述提供了严格的概念性障碍，这些障碍限制或排除了用经验科学解释它们之间关系的可能性。我已经指出，正是他们的心灵 - 自然二元论的哲学观念产生了这种障碍或分裂。但是，如果他们的观点使我们不可能理解我们的“第二自然”是如何与我们的动物本性相联系的，那么我们就已经再次引入了一种人与自然的令人烦恼的分离。对于杜威来说，这不仅模糊了我们在自然中的位置，而且还产生了另外的悲剧性后果，即阻止了我们更为反思性地考虑我们与自然的交互作用和对自然进行修正的能力如何可以更好地用于解决我们面临的社会问题。Sinclair, “Anthropocentric Naturalism,” p. 28.

一系列塑造认知能力和同一性的决定性发展阶段。[1]

我还想再谈一谈戈弗雷－史密斯的杜威式实用自然主义，这是一种考虑了最新科学发展以及当代分析哲学中的争论的实用自然主义。戈弗雷－史密斯为科学哲学、生物哲学、认识论和心灵哲学做出了重要贡献。与英语国家的许多同行不同，他强调了杜威的重要性和相关性。戈弗雷－史密斯认为，《经验与自然》一书尽管有过度之处，如没完没了的重复、不期的不可理解性，却是迄今为止实用主义谱系中最好的书。[2] 与罗蒂不同，戈弗雷－史密斯强调的是杜威对理解

---

1　Johnson, *Embodied Mind, Meaning, and Reason,* p. 39. 丽贝卡・库克拉（Rebecca Kukla）和马克・兰斯（Mark Lance）在他们对塞拉斯和布兰顿的杜威式批判中写道：

> 当诸如塞拉斯和布兰顿之类的作者讨论实践时，看不到植根于具体环境的活生生的、行动着的身体。这些作者对意义和诠释进行了实用主义的解释，但是与其余的人类身体活动相比，他们对语言和理论理性更为感兴趣，并且他们几乎不关心这两个领域是如何融合在一起的。Rebecca Kukla and Mark Lance, *'Yo! And Lo!': The Pragmatic Topography of the Space of Reasons* (Cambridge: Harvard University Press, 2009), p. 8.

尽管麦克道尔不同于塞拉斯和布兰顿，并且他声称理性是具身性的，但麦克道尔也未能探讨理性是如何与"人类身体活动"相关联的。

2　Peter Godfrey-Smith, "John Dewey' s *Experience and Nature,*" *Topoi* 33:1 (2014), p. 290. 戈弗雷－史密斯对杜威《经验与自然》的"迟来的"评论是对该书最好和最清晰的讨论之一。他专注于杜威对形而上学和认识论问题的贡献，并表明了这些贡献与当代辩论和讨论之间的关系。

## 形而上学和认识论主题的相关性:

约翰·杜威的《经验与自然》一书有可能转化哲学的若干领域。这本书虽然冗长又难读，但它对认识论、形而上学和心灵哲学中的一系列结点性问题具有重要意义。它还涉及了元哲学，为该学科的病理学特征花费了许多篇幅，并对“自然主义”提供了何种导向提出了一种观点。[1]

他试图表明，何以杜威不仅可以与当代自然主义的讨论

---

1 Peter Godfrey-Smith, “John Dewey’ s *Experience and Nature,*” *Topoi* 33:1 (2014), p.285. 戈弗雷 - 史密斯强调了他对杜威的诠释与罗蒂的诠释的是如何不同，尤其是他对《经验与自然》（以及 1920 年代和 1930 年代的其他著作）的解读。罗蒂不仅轻视杜威阐明一种描述性形而上学的企图；他还辩称，杜威对经验的诉求是如此笨拙，以至于实用主义者应该放弃对经验的谈论，并使自己局限于语言。罗蒂的学生布兰顿遵循了罗蒂的建议。布兰顿在他的巨著《使之清晰》（*Making It Explicit*）中告诉我们，他提到了经验，但从未将经验用作一个哲学概念。经验的概念在他语言学理性主义的实用主义版本中不发挥任何作用。这种对经验的摒弃引起了人们之间的广泛争论，一些人声称诉诸经验不仅是所有美国古典实用主义者的核心，而且对于发展一种可行的实用自然主义至关重要，一些人则争辩说当今的实用主义必须采取“语言学转向”。最近，出现了一种对倡导语言实用主义的强烈反对。莱文认为，无论是罗蒂还是布兰顿都没有理解杜威（以及詹姆士）经验概念的细微之处（nuances）。此外，他认为布兰顿建立一种实用主义的客观性概念的尝试是失败的：如果不诉诸经验，我们就无法就客观性发展出一种充分的实用自然主义理论。参见莱文：“布兰顿、实用主义与经验”。关于语言和经验的实用主义争论的问题，请参见我的“Experience after the Linguistic Turn,” chap. 6 of *The Pragmatic Turn* (Malden, MA: Polity, 2010), pp. 125–52.

相关，而且还可以被关联到实在论与科学的争论。[1]我认为杜威会对戈弗雷－史密斯那本颇受欢迎的《其他心灵：章鱼、海洋和意识的深层渊源》大感兴味，尤其是后者对进化论的讨论。[2]戈弗雷－史密斯对章鱼的浓厚兴趣得益于他的个人观察，他对头足类动物进化的最新发展的深刻反思，以及对章鱼（相对）巨大的大脑的科学研究。他清楚地说明了在科学上被很好确立的是什么，哪些仍在争论，以及哪些仍然未知。一种可错论的精神充斥着他的探究，尤其是当他试图将一种更“原始”的主观经验形式与我们所谓的“意识”区分开来时。戈弗雷－史密斯将我们的心灵与异质的章鱼的心灵进行了对比。[3]我认为杜威会赞赏这本书的原因在于戈弗雷－

1　参见 Godfrey-Smith, “Dewey on Naturalism, Realism, and Science”; Godfrey-Smith, “Dewey and the Subject Matter of Science”; and Godfrey-Smith, “John Dewey’ s *Experience and Nature.*” 在 20 世纪上半叶，杜威同时遭到了美国“实在论者”和美国“观念论者”的批评。有关这些批评和杜威对之的回应的历史讨论，请参阅 David L. Hildebrand, *Beyond Realism and Antirealism: John Dewey and the Neopragmatists* (Nashville: Vanderbilt University Press, 2003). 希尔德布兰德还辩称，普特南和罗蒂关于实在论和反实在论的新实用主义争论歪曲了杜威的立场，杜威的立场“超越”了实在论和反实在论。

2　参见 Peter Godfrey-Smith, *Other Minds: The Octopus, The Sea, and the Deep Origins of Consciousness* (New York: Farrar, Straus and Giroux, 2016).

3　杜威倾向于将“心灵”这一术语限定于人类，但肯定也会对戈弗雷 - 史密斯谈论非人类动物心灵的方式持开放态度。

史密斯的方法论进路。戈弗雷－史密斯的哲学假设总是得益于一种对最新的相关科学研究和实验的理解。让我们对比一下戈弗雷－史密斯对科学实验探究的熟练借鉴与麦克道尔的“扶手椅”式进路。麦克道尔很少提及具体的科学研究，而是倾向于对“现代科学”和“规律领域”作出泛化的主张。我们可以很好地理解为什么杜威是戈弗雷－史密斯的英雄之一，因为戈弗雷－史密斯那种得益于科学的自然主义是杜威自然主义取向的真正继承者。尽管麦克道尔宣扬自由自然主义，但我怀疑杜威会认为麦克道尔做哲学的模式会导致这样一个无意识的后果，即将概念性分析与实验性经验探究之间的二分法具体化。杜威坚持连续性的一个主要原因就是要挑战这种二分法，这种二分法阻碍了我们对以下问题持开放态度，即关于人类我们可以从科学探究中学到什么。这样一种开放的进路与承认人类“更高”概念能力的独特性，甚至一种恰当意义上的特权性是完全相容的。

为了进一步发展关于杜威的实用自然主义遗产的主题，我还想考察菲利普·基切尔对哲学的实用主义重构的贡献。像罗蒂、普特南和戈弗雷－史密斯一样，基切尔在他的哲学生涯中也有类似的轨迹。所有这四个人都对一个或多个分析哲学领域作出了贡献，因此取得了卓越的成就并得到认可。尽管他们已经掌握了分析哲学的论证技巧，但他们每个人都对专业的技术性哲学的狭窄性感到越来越不满。在对一种更广阔的哲学视野的寻求中，他们都转向了美国古典实用主义，尤其是约翰·杜威的著作。他们每个人都强调了杜威的不同面向。与罗蒂不同，戈弗雷－史密斯和普特南专注于杜威对科学、实在论和自然主义的新视角作出贡献的方式。基切尔则更加强调杜威（以及詹姆士）要求对哲学进行重构的方式。[1]像罗蒂一样，基切尔对技术性的学术哲学那种夸张的自命不凡持极端批评的态度。杜威对一种综合哲学的愿景启发了他，这种综合哲学广泛地汲取人类研究的众多领域。像杜威一样，基切尔也呼吁哲学家们运用他们的分析能力来处理那些对人类具有真正意义的问题——以摆脱这样一种恶性循环，在这种恶性循环中，哲学家处理的技术性问题只有那些同样对这些狭隘问题感兴趣的哲学同行才懂得欣赏。

基切尔题为《实用主义的序曲》的文集也有杜威的副标

1　有关杜威哲学概念的一个全面而清晰的说明，请参见 Philip Kitcher, “Dewey’s Conception of Philosophy,” in *The Oxford Handbook of Dewey,* ed. Steven Fesmire (Oxford: Oxford University Press, 2017).

题即“朝向一种哲学重构”。[1] 简而言之，基切尔想要展开杜威为我们的时代而改造和重构哲学的计划，以应对我们现在面临的一些最严重的问题，比如气候变化和宗教在我们公共生活中的作用。他以题为“从自然主义到实用自然主义”的一章作为《序曲》的导论，在这一章里他追溯了自己的哲学发展。基切尔在这里表达并捍卫了一种非科学的自由自然主义：

> 这种自然主义将不同于通常的随意假定（casual positing）的哲学实践，并且它的质疑将表现在对下列东西的拒斥之中：柏拉图的型相、亚里士多德的本质、纯粹理性的进程、主张最好的前提是先天真理、对善的直观，以及其他一大堆不那么知名的哲学动物园的栖息者。[2]

基切尔强调，杜威的自然主义并不是要成为与传统形而上学和认识论系统竞争的另一种系统，而是要为发展一种经

---

1 参见 Philip Kitcher, *Preludes to Pragmatism: Toward a Reconstruction of Philosophy* (Oxford: Oxford University Press, 2012).

2 同上，第 xv–xvi 页。

验和自然的概念提供基础，这种经验和自然的概念将使普通人能够照亮并丰富他们的社会、伦理、政治、美学，甚至是宗教经验。[1]基切尔赞同杜威在《民主与教育》一书中的著名主张："如果我们愿意将教育视为这样一种进程，它形成了面对自然和同胞的、智识和情感上的基本性格，那么甚至可以把哲学定义为教育的一般理论。"[2]当基切尔明确地转向"杜威自然主义"的讨论时，他引入了一种"内容自然主义者"和"方法自然主义者"之间的区别。内容自然主义者"转向了自然科学各个领域的内容，以寻求哲学改革的洞见"。[3]杜威的方法自然主义不是这种类型；他"在倡导一种对哲学的自然主义革新时，其指导思想着眼于他认为对自然科学的成功至关重要的演进方式"。[4]

基切尔对内容和方法自然主义的区分立刻使我们回到了

---

1　关于基切尔对宗教的自然主义和人文主义解释，请参见 Philip Kitcher, *Life after Faith: The Case for Secular Humanism* (New Haven: Yale University Press, 2014).

2　John Dewey, *Democracy and Education,* vol. 9 of *The Middle Works of John Dewey, 1899–1924,* p. 338；被引用于 Kitcher, *Preludes to Pragmatism,* p. 1。

3　Kitcher, "Deweyan Naturalism," p. 68.

4　同上。

杜威与莫里斯·科恩的争论之中，并进一步回到了休·普莱斯对“客体自然主义”与“主体自然主义”的区别。回想一下，科恩曾批评杜威的人类中心主义，以及未能过多关注由那些并不直接与人类打交道的自然科学所揭示的自然。杜威在他的回应中答复说，一种对人类经验和探究的正确理解表明，科学在人类和非人类自然上可能教给我们的东西不存在先天的限制。当杜威诉诸科学时，他的注意力主要集中于哲学需要将可错的自我矫正实践结合到自身的机制之中。

休·普莱斯也试图表达一种注重人类实践的实用自然主义。这就是他所谓的区别于“客体自然主义”的“主体自然主义”。[1] 客体自然主义既存在于本体论也存在于认识论的基调之中。“作为一种本体论学说，它认为，在某种重要意义上，所有存在都存在于科学所研究的世界之中。作为一种认识论学说，它认为所有真正的知识都是科学知识。”[2]（如

---

1　杜威会同情普莱斯在两种自然主义之间所做的区分，但我认为他可能会反对“主体自然主义”和“客体自然主义”这样的术语，因为“主体”和“客体”这些表达式的传统认识论色彩。

2　Huw Price, “Naturalism without Representationalism,” in *Expressivism, Pragmatism and Representationalism* (Cambridge: Cambridge University Press, 2013), pp. 4–5；后文以 NWR 表示，后接页码。

果我们以一种直接的方式解释塞拉斯的著名说法即科学是所有存在的尺度，那么塞拉斯的自然主义就是客体自然主义的一种范式。在对科学图像的分析中，他将注意力集中在了科学图像的主要客体上。）客体自然主义“意味着，就哲学关注的是客体的本性和各种各样的属性而言，它关注的是自然世界中的某种事物，否则就不关注任何事物。因为根本就不存在别的东西了”（NWR5）。主体自然主义则坚持认为，“哲学必须从科学告诉我们的关于我们自己的东西开始。科学告诉我们，人类是自然的产物，如果哲学的主张和雄心壮志与这种观点相抵触，那么哲学就必须让路”（NWR5）。[1] 初看起来，主体自然主义是客体自然主义的一种必然结果。这正是科恩反对杜威的观点，也是当今许多自称为自然主义者的人的观点。但普莱斯的惊人论点是，主体自然主义不是客体自然主义的衍生形式。主体自然主义是第一位的。它具有对客体自然主义的优先性。普莱斯以两个论点总结了他的主张:

优先性论点：从理论上说，主体自然主义优先于客体自

1　普莱斯将“主体自然主义”与休谟的自然主义和“有争议的尼采”的自然主义相提并论，但这当然也是杜威的自然主义。

然主义，因为后者取决于主体自然主义视角的验证……

无效性论点：存在着很强的理由去怀疑客体自然主义是否值得“验证”——它的前提是否确实经得起主体自然主义的严格审查。（NWR6）

为了使这两种自然主义观点中的问题具体化，我们需要注意普莱斯所谓的“安置问题”（placement problems）。如果我们声称所有实在最终都是自然实在，那么我们如何“安置”道德事实、数学事实、意义事实，等等？我们如何在一种这样构想的自然主义框架内找到这类议题？（NWR6）安置问题恰恰是自然主义者与其反对者所争吵的问题。“在这种情况下，我们似乎面临着这样的选择：强迫相关议题进入一个范畴，这个范畴为了容纳该议题而总是由于这样那样的原因其构造似乎是有毛病的，或者认为该议题至多是二级的，而不是真正的事实或知识领域。”（NWR6）这种困境使人想起了斯特劳德指出的自然主义所承受的压力之一。如果我们对构成自然客体（例如，仅是物理客体）的东西有一种非常严格的理解，那么就存在一种歪曲，甚至否认自然主义本应解释的现象的压力。“因此，安置问题为当代对自然主义哲学的大多反对提供了动机。”（NWR6-7）对自然主义的批评者来说，自然主义者提出的对安置问题的“解决方案”是完全不能令人满意的；他们歪曲了他们想要解释的现象。但是，正如普莱斯所言，我们并不局限在某种版本的客体自然主义与非自然主义之间进行选择。存在第三种替代方案——一种非常接近杜威自然主义的替代方案。我们可以在一种不同的基调上持自然主义态度——“拒绝客体自然主义，赞成对同一理论问题的主体自然主义进路”（NWR7）。像杜威的自然主义一样，主体自然主义也基于我们人类是自然生物这一事实。杜威对经验与自然之间连续性的强调就是他强调主体自然主义的优先性的方式。考虑到语义表征主义的后弗雷格形式，普莱斯对所有形式的表征主义都持无情的批评态度。这就是为什么他将自己的自然主义刻画为“没有表征主义的自然主义”。[1] 通过考察哲学的语

1　从皮尔士开始，实用主义者一直对表征主义的认识论和语义学形式持批评态度。那些采取了语言学转向并将其批评指向表征主义的语义学版本的当代实用主义者延续了这一主题。关于表征理论是否有任何可以挽救的东西，一直存在着“内部”（in house）的争论。罗蒂持有最极端的看法。他想抛弃所有版本的表征主义。普莱斯和布兰顿（尽管他们意见不一致）仍然希望在语言学版本的表征主义中保留某些东西。罗蒂在一封给普莱斯的电子邮件中写道：

> 你可能已经预料到了，我的全部疑问就是你是否足够激进。我不确定通过你“内在表征”概念的方式保留一种小写的表征主义是否值得，就像我不确定布（转下页）

言学转向，普莱斯以精细而复杂的分析支持了他关于主体自然主义的优先性的论点。但是他的没有表征主义的自然主义的结果在实质上接近于杜威的自然主义。

普莱斯的主体自然主义对杜威自然主义的支持还有另外一个面向。对于杜威而言，人类探究的类型具有多样性。对于普莱斯来说，存在着多样性的：

言说方式和人类语言行为形式。现在的挑战就是简单地用自然主义的术语来解释像我们这样的生物是如何开始以这些各种各样的方式来说话的。这就是解释不同的语言游戏在我们的生活中扮演的是什么角色，例如，谈论价值的功能和

---

（接上页）兰顿试图在他推论主义的怀抱中复活表征主义的概念是否是一个好的策略一样。理查德·罗蒂致休·普莱斯，电子邮件通讯，2006 年 5 月 19 日；引用于 Huw Price, "Prospects for Global Expressivism," in *Expressivism, Pragmatism and Representationalism,* p. 193.

罗蒂还明确表达了他对普莱斯区分“主体自然主义”和“客体自然主义”及其主张“主体自然主义”具有优先性的同情态度。罗蒂指出了比约恩·拉姆伯格的实用自然主义何以遵循的是同样的进路。请参阅 Richard Rorty, "Naturalism and Quietism," in *Naturalism and Normativity,* 2010, p. 59. 无论普莱斯的主观自然主义还是拉姆伯格的实用自然主义都支持杜威关于连续性的论点。拉姆伯格（在一个回应杜威的声明中）说：“自然化……是一个哲学的目标：它消除了以下两者之间的形而上间隙，一方面是我们由以与行动者和思考者打交道的特征性特质（characteristic features），另一方面是我们通过参考它们而由之从经验中概括出对象与事件间因果关系的特征。” Ramberg, "Naturalizing Idealizations," p. 43; 引用于 Rorty, "Naturalism and Quietism," p. 59.

谈论电子的功能之间有什么区别。(NWR20)

杜威并不知道维特根斯坦的后期作品，他没有提到“语言游戏”。但是普莱斯的观点与杜威所说的探究类型的多样性是可以兼容的。甚至普莱斯对多样性功能的谈论都让人想到杜威。我不想低估普莱斯和杜威之间的差异，这种差异源自普莱斯对表征主义的后弗雷格语义学形式的那些成问题特质的考虑，以及他对言说方式的多样性的强调——一种语言游戏的多样性。我只是想强调，普莱斯的主体自然主义是如何与一种由杜威阐明的多元实用自然主义的传统相契合的。

我一直在讨论许多当代哲学家，他们在发展自己版本的实用自然主义中受到了杜威的影响，其中包括理查德·罗蒂、罗伯特·布兰顿、希拉里·普特南、戈弗雷-史密斯、菲利普·基切尔和休·普赖斯。但是我也一直在争论说，完全独立于杜威的任何直接影响之外，也存在一种脱离“限制性”“还原性”和“彻底自然主义”的运动。还存在一种脱离康德主义的运动，后者坚持认为在概念规范性与自然之间存在一个不可逾越的鸿沟。我们正在接近的是一种存在着“有差异的连续性”的杜威自然主义，正是这样一种杜威式的多元实用自然主义，它得益于语言学转向的分析复杂性。

约瑟夫·劳斯在他的最新著作《阐明世界》中没有提到杜威，但他的哲学自然主义版本读起来像当代的杜威一样。我将只限于这本争论激烈的书中的一些要点，即那些力图考察与自然主义有关的大量最新争论的要点。劳斯以一种独特的方式处理哲学自然主义的话题。既然将哲学自然主义作为一个正在进行中的历史方案，他认为该方案的捍卫者就必须准备好应对其批评者的新挑战：

> 该书的灵感来自一个特定概念，即对自然主义之哲学理解的当前现状。今天，自然主义面临的最紧迫的挑战是要表明，如何将我们自己的科学理解能力解释为一种可以从科学上理解的自然现象。无法应对这一挑战的自然主义观点将是自欺欺人的。本书的主要主张是，应对这一挑战需要对其两个组成部分的熟悉的哲学解释进行实质性的、互补性的修正：如何将我们的概念能力置于一种对世界的科学理解之内，以及一种科学的世界观念意味着什么。（AW6－7）

更具体地说，他的目的是要表明，我们可以对规范性概念能力进行一种自然主义的哲学和科学解释，塞拉斯、麦克道尔、布兰顿和约翰·豪格兰德（John Haugeland）最关心的就是这种规范性的概念能力。劳斯试图通过重新思考显像图像和科学图像提出一种宽泛的塞拉斯主义的哲学自然主义，以表明两者是如何被调和的。他指的是塞拉斯本人在世界中（man-in-the-world）的显像图像与科学图像之间的著名区分，塞拉斯在他的论文《哲学与人的科学图像》中概述了这一区分。由于许多思想家都借鉴了塞拉斯显像图像与科学图像的说法，因此，我们需要澄清塞拉斯最初是如何使用这些表达式的。

塞拉斯以对哲学目标的挑衅性描述开始了他的论文："抽象地表诉，哲学的目标就是要理解，就哲学这一术语最宽泛的可能意义而言的事物，就该术语最宽泛的可能意义而言是如何结合在一起的。"（PSI1）为了实现这一目标，哲学必须发展一种全览式的图景，它能将人在世界中的两种相互竞争的不同图像融合在一起。[1] 显像图像是人第一次遇到作为

1 塞拉斯清楚地表明，他是在一种非常宽泛的意义上使用"图像"一词的——就像事物被想象的那样，或更准确地说，被构想的那样。我怀疑，如果塞拉斯今天还在写作，他可能会说"人类（humans）在世界中"而不是"人（man）在世界中"。

人的自己的图像。显像图像中的主要对象是人，并且（在其他事物中）人是能够拥有概念、作出判断和进行推论的生物，简言之，能够从事推理的意向性活动。“很难避免得出这样的结论，即从前概念的行为模式到概念性思维的转变是一种整体性的转变，一种向着不可还原的崭新意识层级的跳跃，一种成为人类的跳跃。”（PSI6）显像图像也可以在一种有限的意义上——限于相关性归纳——被刻画为科学图像。与显像图像相反，塞拉斯规定科学图像采用了解释性科学理论所需的假定技术。因此，它也可以称为“假定图像”。科学图像的主要对象被证明是“复杂的物理对象”。我们通过采用假定技术进行科学解释，从而获得有关这些物理对象的知识。[1]这两种图像中的每一个都声称是“对人在世界中的真实的、并且原则上是完整的解释（PSI25）。但是这些相互竞争的图像相互冲突。因此，对哲学来说问题就是如何解决

1　塞拉斯非常清楚，这两种图像是用于启发式目的的人工理想构造。他将它们与韦伯的理想型进行了比较。例如，相关性技术和假定性技术的交织贯穿了整个历史，但塞拉斯规定“假定性理论的建构”完全属于科学图像。“那么，我们的对比就是两种理想构造之间的对比：（a）‘原始图像’的相关性和范畴性提炼，这种提炼我称之为显像图像；（b）源自假定性理论建构成果的图像，我称之为科学图像。”（PSI19）塞拉斯在这篇文章（以及其他地方）中清楚地表明，他是在捍卫科学实在论以反对各种科学工具主义。这意味着那些最终被证明是科学图像主要对象的实体和 / 或进程是构成实在的实体和 / 或进程。

这两种图像之间的冲突。我们如何评价这两种图像的主张，即两者都是对人在世界中的真实和完整的解释？[1] 自从现代科学兴起以来，哲学家一直在与这两种图像相互竞争的主张作斗争。塞拉斯认为，从笛卡儿到现在，现代哲学家提供的大多数“解决方案”都被证明存在着问题。塞拉斯断言，科学图像最终具有本体论和认识论的首要地位。这是他明确声明的重点，他很愿意说（作为一位哲学家来讲），在描述和解释世界的维度上，科学并且只有科学才是万物的尺度，“是所是的东西是什么的尺度，也是所不是的东西不是什么的尺度”（EPM83）。塞拉斯最喜欢用来说明其意思的一个例子是波义耳－查理定律与分子动力学理论之间的关系。波义

1　塞拉斯介绍两种图像之冲突的方式极其奇怪。直到这里为止，塞拉斯在其论文中都将显像图像和科学图像的特征描述为“图像”“概念”或“框架”。现在他提出了一个问题：“那么，对于由此暂时得到诠释的显像图像与科学图像的相冲突主张构成了对人在世界中的真实和原则上完整的解释，我们要如何评价呢？”（PSI25）。这个问题有些极其矛盾的地方。塞拉斯现在将行动者归因于这两种图像中的每一个；他们都在提出主张，实际上是相互冲突的主张。但是，具有意向性以提出主张的大概只能是人。人是显像图像的主要对象。似乎可以看出，如果可以正当地谈论提出了“相冲突主张”的两种图像，那么这两种图像都要以人这一范畴为前提，即那些具有提出主张能力的对象或实体。如果我们加上塞拉斯在本文后面所说的话，即在科学图像中重构人的范畴是不可能（在逻辑上不可能）的，那么似乎就不可能避免得出以下结论：科学图像提出了真实和完整地解释人在世界中的主张，这种科学图像又预设了一种可以提出主张的实体类型——即人。这不仅是方法论上的预设，而且是一种实质性的预设。只有人（而不是图像）才具有意向性，要有这种意向性才能主张是什么构成了对人在世界中的真实和原则上完整的解释。

耳－查理定律告诉我们，在固定温度下，气体的体积与气体施加的压力成反比。这是一条基于在显像图像中执行的观察的经验规律。它不涉及任何不可观察的假定实体。但是，一种假定了不可观察的微观物理对象的动力学理论可以从科学上解释这样的经验规律。在这种情况下，微观物理学理论因此：

通过解释为什么可观察事物在其所是的程度上遵循着这些经验定律来解释经验规律；也就是说，他们解释了为什么观察框架中各种类型的个体对象在各种环境下都会表现出那些已经被归纳建立起来的、它们所表现出的行为方式。大致上，这是因为气体是——就“是”的某种意义而言——一团表现出某种在理论上被定义的行为方式的分子云，因此，它遵守了经验性的波义耳－查理定律。[1]

微观物理学理论科学地解释了经验性的波义耳－查理定律。当然，塞拉斯肯定了可错性学说。因此，任何既定的科

---

1 Wilfrid Sellars, “The Language of Theories,” in *Science, Perception and Reality,* p. 121.

学理论都可以被更好的科学理论取代。但是，正是更好的理论更接近于告诉我们是什么——更接近“真实的实在”。

但是人的地位又如何呢？可以用科学图像的语言来谈论人的重构吗？塞拉斯不仅否认这样的重构是可能的，而且他还作出了一个强得多的断言：“我相信，因为可以从结论上表明这样一种重构原则上是不可能的，因此，这里讨论的不可能性就是一种严格逻辑上的不可能性。”（PSI38）我们似乎得出了一个尴尬的结论，尽管科学图像具有本体论和认识论上的首要地位，但它不能解释人这一显像图像的首要对象。而且正如塞拉斯自己所说的那样，“这似乎将成为问题的结局”（PSI38）。但是，就像那些扣人心弦的电影一样，我们还没有到达故事的结尾——最后的结局。在一个似乎过于太快的结局中，塞拉斯告诉我们，可以将人（几乎可以定义为有意向的存在者）的框架与科学图像相结合。以下就是他的大结局：

因此，人的概念框架并非某种需要与科学图像相调和的东西，而是某种与其相结合的东西。因此，为了使科学图像完整，我们需要的不是以更多方式来说明它的情况，而是以共同体和个人意向的语言来丰富它，通过以科学术语解释我们意图采取的行动，以及我们于其中意图这样做的环境，使我们与科学理论为了我们的目的所构想的这个世界直接相关，并使其成为我们的世界，而不再是一种我们赖以生存的世界的异质附属物。当然，就目前情况而言，我们只有在想象中才能实现科学图像与我们的生活方式的直接结合。但是，如果只是在想象中，要这样做就是要超越人在世界中的显像图像和科学图像的二元论。（PSI40）

塞拉斯的大多数追随者，甚至他最虔诚的仰慕者，都不满意对科学图像和显像图像这种如此迅速的“结合”。[1] 尽管如此，我们可以为塞拉斯的意图作出一种同情的解释。他

1　我以前跟随罗蒂区分了左翼塞拉斯主义和右翼塞拉斯主义。左翼塞拉斯主义甚至很少讨论“哲学与科学图像”。他们将其视为塞拉斯更不成功的论文之一。他们主要是被塞拉斯的《经验主义与心灵哲学》所吸引——抨击所予神话，从显像的视角探讨概念性思维、语言、意义、思维和知觉。对于左翼塞拉斯主义者来说，这是塞拉斯的权威文本。罗蒂以其辛辣的辩论风格对塞拉斯建立一种结合科学图像和显像图像的概观式图景的尝试表示不屑：

> 尽管我对威尔弗里德・塞拉斯充满敬意，他开启了这一显像图像和科学图像的讨论，但我还是想抛弃这些视觉隐喻。我们不应被世界 - 图景的图景所束缚。我们不需要一种所谓“世界”的概观视角。至多，我们只需要一个关于我们如何开始这样说话的概观式叙述。我们应该停止尝试一种统一的图景以及一种万能的语汇。我们应该限制自己，确保自己不会受累于过时的说话方式，然后确保那些仍然有用的语汇不会互相干扰。Rorty, “Naturalism and Quietism,” p. 58.

希望（用黑格尔的话说）提出这样一种“真理”，它既隐含在世界中存在的人的科学图像，又隐含于其显像图像之中，从而实现一种在世界中存在的人的统一的、概观的、立体的图景。我强调“立体”是因为我们需要让我们的双眼聚集在这两个图像中隐含的“真理”上。如果我们完全聚焦于科学图像，那么我们最终的解释将遗漏人类最重要的东西——他们的人格。而如果我们完全聚焦于显像图像的对象——有意向的人，那么我们最终只能得到一种失真的科学图像。科学将成为衍生的或次级的东西。科学将［错误地］不仅在方法论上而且在实质上都依赖于显像图像。正如许多受黑格尔启发的思想家陷入左右两个黑格尔主义阵营一样，在那些受塞拉斯启发的思想家那里也出现了类似的现象。左翼塞拉斯主义者发现塞拉斯从一种显像观点——对于概念、信念、思维、知识、意义、规则、语言、意向性（以及相关概念）——出发要说的东西比他对科学和科学图像要说的东西要更高产和富有成果得多。像布兰顿、麦克道尔和豪格兰德这样的哲学家对塞拉斯关于科学图像在认识论和本体论上的优先性主张提出了挑战。他们甚至提出了一种更强的主张。劳斯简洁地陈述了他们的观点：

> 一种极端全面的自然主义会破坏其本身作为一种世界观念的可理解性。科学图像及其所允诺的理解依赖于我们的概念理解能力及其理性责任。正是这些概念思维能力不能在对自然的科学理解的范围内被完全同化。(AW11)

我们在这里看到的是康德主义类型的幽灵，它坚持认为对自然的科学理解预设了对我们理性能力的哲学理解。右翼塞拉斯主义者对塞拉斯的科学实在论及其对科学解释力的主张印象深刻，以至于他们认为显像图像中没有任何东西不能在原则上被科学图像重构或替代。右翼塞拉斯主义者是那些始终坚持科学并且相信只有科学才是获取世界知识的来源和标准的人的继任者。左翼塞拉斯主义者是康德的继任者，康德声称无论理论理性还是实践理性都不能由自然科学充分解释。塞拉斯本人既不是左翼也不是右翼塞拉斯主义者，就像黑格尔既不是右派也不是左派黑格尔主义者一样。他们的继任者几乎完全无法将塞拉斯（以及黑格尔）主张必须结合在一起的东西结合进一个单一图景。用塞拉斯的术语来说，一种人在世界中的统一的哲学图景必须是立体的。除了现在左右翼塞拉斯主义者之间根深蒂固的区分之外，我们还需要一个第三范畴——中间派塞拉斯主义。这些人是这样一种塞拉斯的解释者和追随者，他们试图忠于塞拉斯立体图景的精神（如果不是字面上的话），并展示了我们如何可以形成一个单一的统一图景，该图景公正地对待科学图像和显像图像。[1]

劳斯在发展他的哲学自然主义版本时，追随塞拉斯试图公正对待显像图像和科学图像的洞见。但为了做到这一点，他引入了对这两个图像的重大修正，这些修正考虑了自《哲学与科学图像》出版以来发生的争论。在捍卫他的哲学自然主义版本时，劳斯的策略与许多其他自然主义者背道而驰，

1　德弗里斯 (Willem A. deVries)、奥谢 (James O'Shea) 和萨克斯提出了这种更加中心主义的诠释。参见 Willem A. deVries, *Wilfrid Sellars* (Montreal: McGill-Queens' s University Press, 2005); James O' Shea, *Wilfrid Sellars: Naturalism with a Normative Turn* (Malden, MA: Polity, 2007), and Sachs, *Intentionality and the Myths of the Given.* 要为塞拉斯的概观式图景提供一种融贯诠释的最大障碍之一就是要准确地理解塞拉斯的“图像化”（picturing）所表达的含义。萨克斯对塞拉斯的图像化的意义和重要性做出了其中一种最清晰的诠释。他认为塞拉斯在符号化与图像化之间做出了一种截然的区分，并且图像化使我们能够把握塞拉斯对杜威自然主义的借鉴之处：

> 概括地说，图像化是可靠地追踪和响应环境中因果规律的能力。因此，它不同于塞拉斯所谓的“符号化”或从事意向性言语和结构独特的思维的能力。如果我们认为塞拉斯与杜威在图像化方面保持着一致，而与刘易斯在符号化方面相一致，那么就可以最为清楚地看到塞拉斯与实用主义历史的关系。Carl Sachs, “ ‘We pragmatists mourn Sellars as a Lost Leader’ : Sellars' s Pragmatist Distinction between Signifying and Picturing,” in *Sellars and the History of Modern Philosophy,* ed. Luca Corti and Antonio M. Nunziante (New York: Routledge, 2018), p. 162.

那些自然主义者认为左翼塞拉斯主义者对概念规范性的特权性小题大做。相反，他认为布兰顿、麦克道尔和豪格兰德建设性地推进了自然主义事业。“通过表明当前有影响力的自然主义版本的不足之处，凸显了他们对自然主义更充分的自我理解的要求。”（AW12）尽管劳斯在许多技术细节上不同意这些思想家，但他基本上同意他们对我们概念能力的独特规范性的坚持。[1] 他坚决不同意的是，他们声称这使我们的概念能力“超越”了自然科学的理解和解释。[2] 他们对自然主义的批判是基于熟悉但不充分的科学概念。一旦我们提出一种更充分的、开放式的、以实践为导向的科学概念，那么就没有先天的理由声称我们不能对概念规范性进行科学的

1　劳斯对德雷福斯 (Dreyfus) 和麦克道尔的争论进行了富有启发性的讨论。他表明了他们在很大程度上实在是鸡同鸭讲，因为他们在对概念性的理解上有着根本不同的观念。劳斯将德雷福斯的进路刻画为“运作进程”，将麦克道尔的进路刻画为“规范状态”：

> 我不赞同德雷福斯的观点，即将实践 - 知觉的应对视为意向性定向的独特的、前概念“层级”。但是，我也不是简单地赞同麦克道尔对概念规范性的治疗性接受，这种概念规范性无所不在，甚至渗透于知觉之中。尽管坚持对概念领域的规范性解释，但我会考虑借鉴德雷福斯的工作，将概念规范性置于一种对自然的科学理解之中。（AW 50）

2　劳斯指出，这些思想家“赞同一种最低的自然主义，辩称在他们的视野中没有什么与我们从自然科学中学到的东西不一致。然而，概念规范性在他们的视野中仍保持着自律，并且不需要或不期望进一步的科学阐释”（AW14）。

解释。[1]杜威会完全同意劳斯的断言："只有科学的理解是一种自然现象，并且在理知上属于一种科学的世界观念，哲学上的自然主义才是可行的。"（AW201）自然主义者不仅承认当前科学的可错性，而且承认"主流科学观念的可错性"（AW202）。与许多实用主义者一样，劳斯对科学理解的表征主义观念也持批评态度。他以实践为导向的科学理解强调，科学是一项面向未来的研究事业，在其中科学不断地修正我们理解世界的术语和推论关系。随着劳斯对其以实践为导向的科学活动观念的发展，他的主张听起来越来越像杜威。劳斯认为：

---

1　有关劳斯对科学实践的理解以及它与概念规范性的关系的详细信息，请参见他的"Conceptual Articulation in Scientific Practice," part 2 of *Articulating the World,* pp. 199-342. 重要的是要强调劳斯对科学的实践导向理解是如何偏离哲学家们所接受的科学概念的许多标准的。例如，德·卡罗和麦克阿瑟对比了科学自然主义与"对另一种在哲学上更为自由的自然主义的新希望"。De Caro and Macarthur, "Introduction: The Nature of Naturalism," p. 1. 他们声称，科学自然主义有两个重要和典型的主题："1）本体论主题：承诺一种完全科学的自然概念；2）方法论主题：承认哲学与科学之间的传统关系，据此认为哲学探究与科学是连续的"（同上，第3页）。但是他们没有清楚地解释他们的"科学"和"一种完全科学的自然观念"的含义是什么。他们似乎依赖于一种通常所接受的对科学的理解。之所以这个问题如此重要是因为，如果我们接受他们的科学自然主义与一种在哲学上更自由的自然主义观念之间的对比，我们就很容易得出结论，即自由自然主义是不科学的。但是劳斯辩称，通过一种对科学的更开放的实践导向理解，我们可以表明，左翼塞拉斯主义者排除在科学之外的东西——我们的概念能力（及其所有要求）——符合科学的理解。杜威肯定会同意劳斯。当哲学家们在谈论"科学自然主义"时，他们脑海里想到的往往不过是这样一些科学，即那些不处理人类在其有机体－环境交互作用中的独特特质的科学（例如物理学）。

科学中的概念性理解涉及人类环境物质的、社会的以及推论性的转换的总和。这些转换共同构成了生态位建构的广泛形式……一个环境的生态位不是某种可以脱离一个有机体的生活方式被确定的东西，反之，这种生态位只有在与其环境相互依赖的特定模式中才能被理解。因此，一个生态位就是一个本身与正在进行中的活动模式相关的世界的结构。（AW215）

麦克道尔认为一旦我们认识到人类具有一种第二自然，我们的哲学工作就完成了，与此不同，劳斯在麦克道尔敦促对哲学进行约束的地方承担起了批判性反思的义务。麦克道尔（以及其他人）拒绝一种对我们概念能力的自然主义进路，与此相反，劳斯指出：

我在本书中的论证旨在通过重新思考科学图像与显像图像（根据它们在哲学和科学上的调和可能性）来发展一种宽泛的塞拉斯主义的哲学自然主义。我的目的是要表明，我们如何可能更好地将我们的自我理解定位为对规范性考虑作出

> 回应的人，并且是在对自然宽泛的科学理解中，这种自然包含了我们作为自然现象的概念能力。麦克道尔在以下这点上是正确的，我们所接受的自然与科学概念预先阻止了对科学所理解的自然作一种更彻底的自然主义整合。我认为这种概念上的僵局要求我们重新进行哲学反思和科学探究，而不是默认。这种反思和探究也应力求建设性地推进我们的自我理解，而不仅仅是缓解我们对自己在世界上的概念立足点的反复的哲学焦虑。（AW13）

劳斯的论证在细节上极为丰富。我想强调其中一些面向以表明他“宽泛的塞拉斯主义哲学自然主义”与杜威的自然主义的亲和性。[1] 当劳斯提出如下主张时，即最近在科学中的哲学和经验研究“鼓励将科学图像重新设想为结合了一种锚定的实践能力，以此扩展和完善当前对在世界中存在的

1 杜威将会完全同意出现在劳斯著作“结语”中的以下声明：“从历史上说科学是出现在人类历史中的特定实践，其意义和证明标准不断在变化。这一认可应当扩大对科学的哲学反思的范围”（AW383）。劳斯那些结论的句子听起来就像杜威对一种哲学重构的呼吁：

> 我们是谁，并将成为谁；我们的世界是什么样的，以及它可能如何进一步揭示其自身；以及它由此对我们和我们的后代敞开或关闭的是什么样的可能性：这些都是我们社会-话语生活方式（包括我们的科学实践）的不断发展中的紧要问题。从一种自然主义的观点来看，从我们所居住并力图理解的世界之内来看，没有什么事情比这些问题更重要，或者更少任意性。（AW386）

我们自己（ourselves-in-the-world）的理解，而不是将其设想为由科学表征所构成”，他呼应了杜威的观点，即强调将科学探究作为一种面向未来的、自我反思性的实践集合（AW15）。基切尔将杜威的自然主义刻画为方法论的（而非实质性的），这也与劳斯具有亲和性。劳斯表明了生物学理论、进化论、生态学和生态位理论的最新发展是如何有助于支持一种对在世界中存在的人的自然主义解释的：

> 20 世纪中叶进化综合的出现为哲学自然主义提供了强有力的新概念资源。进化论为通过遗传进程（它确保了对一个有机体环境的生物性适应）去理解知识和概念内容的规范性提供了具有光明前途的可能性……进化论中新的理论发展（例如，发展的进化、发展的系统理论、生态-发展的生物学和生态位建构理论），以及有关动物行为、人类进化和语言的新的经验工作，现在正以进化论的术语挑战对认知和知识的熟悉的思维方式，而且还提出了替代的进路以便在我们的进化轨迹中锚定对人类的理解。哲学自然主义要求我们以这种方式保持一种对科学工作的持续参与，而不是安歇于那些被科学不断超越的熟悉而适意的概念视野。（AW16）

这些都是雄心勃勃的主张。劳斯的书给人留下的深刻印象是，他在多大程度上以细致的论证支持了这些一般性主张。（在这方面，戈弗雷－史密斯通过诉诸进化论的最新发展来支持他的自然主义版本具有相似之处。）他们都以杜威所倡导的方式来处理自然主义的问题，即人们要考察其时代最好的科学实践。

为了说明劳斯与杜威的亲密程度，请考虑他关于生物学意义上的生物的有机体－环境关联所不得不说的话。一个有机体的生物学环境并不由其物理学的周围世界构成，而是由对其发展至关重要的周围环境构成。劳斯诉诸生态位理论（niche theory）的最新发展：

> 生态位的建构是一个有机体与其世系的发展的、选择性的环境通过其他有机体与该环境之间持续的、不断积累的交互作用而发生的转换。因此，一个有机体世系的生物学环境不是简单给出的，而是通过与该世系中的有机体持续不断的交互作用而动态形成的。（AW20）

杜威对机械反射弧概念的批判使用的正是这种语言。当劳斯作出以下断言时，其自然主义的杜威特征甚至变得更加清晰："因此，概念性理解在生物学上表现为对我们选择性环境的累积构成面向的高度灵活的、自我复制的和自我决定的响应。"（AW21）这正是一种"具有差异的连续性"的自然主义；不仅不是一种还原论的自然主义，而且不是一种关于概念能力的非自然"纯粹性"的认识论理论。

我一直在讲这样一个故事，它带领我们穿越了关于自然主义的那些似乎混乱的争论，它包括了许多曲折，但总体上具有融贯性。在对我们面临的陷阱和压力所作的介绍性发言之后，我回顾了20世纪最初几十年在美国进行的关于自然主义的激烈讨论。随着哲学工作的分析风格的日渐盛行以及所谓的"语言学转向"，这种美国自然主义传统几乎完全被抹杀了。蒯因和塞拉斯在20世纪中叶开启的关于自然主义的"新"言说几乎没有提及这一较早的传统。[1]然后，我简要介绍了杜威的自然主义，以及他对经验与自然的连续性的肯定。大多数接受过哲学的分析风格训练的专业哲学家都忽

---

1　请参阅我的附录，在其中我表明了威尔弗里德·塞拉斯十分熟悉进化自然主义和他父亲罗伊·伍德·塞拉斯的批判实在论。

略了杜威，或者以一种居高临下的方式看待他，把他看作一个虽然意图很好，但在哲学论证上缺乏分析技巧的思想家。甚至像布兰顿这种对杜威的实用主义和自然主义持同情态度的诠释者也对杜威的连续性论题提出了挑战。布兰顿声称杜威（以及更一般的美国古典实用主义者）未能对智识生物所特有的概念能力进行清晰的划分和说明。

20 世纪中叶，康德的相关性被重新发现——尤其是康德明确提出了这样一种区分，即一种缺乏任何意义和规范性的“祛魅”的自然概念与作为理论规范性和实践规范性来源的理性——知性和理性——之间的区分。在复兴康德的许多美国哲学家中的关键人物是威尔弗里德·塞拉斯。这一康德转向对自然主义的标准形式提出了严峻的挑战。麦克道尔试图引用康德——尤其是康德对自发性的特权性的强调，并将其与一种新的或旧的亚里士多德式理解相结合，即将人类本性理解为第二自然。麦克道尔声称，一旦我们理解了第二自然（相对于第一自然）的重要性，那么我们就可以提倡一种自由的自然主义，即一种结合了康德和亚里士多德的洞见的自然主义。对于麦克道尔来说，哲学探究的任务就是发现并揭露导致哲学焦虑的错误假设和预设。一旦完成了这个任务，就不再需要做任何进一步的哲学工作。对麦克道尔来说，我们不必从事“建构性的哲学工作”。我们已经看到，像戈弗雷－史密斯、基切尔和劳斯这样的哲学家对这种寂静主义提出了严厉质疑。他们同意麦克道尔所说的必须修正我们的自然观念，但坚持认为仅仅提出第二自然的观念是不够的。他们以一种杜威的精神辩称，为了表明科学的新发展——尤其是那些涉及人类生命的生物学、进化和文化维度的科学——对于发展一种充分的哲学自然主义是至关重要的，以及还有重要的哲学工作需要完成。他们（正如杜威所做的那样）对他们所认为的对认识论问题的执迷作出了回应，这些认识论问题脱离于注意和查看我们可以从科学的新发展中学到什么东西。

更普遍地讲，存在这样一种哲学运动，它脱离于各种形式彻底的、还原的或限制性的自然主义——斯特劳德形容这种自然主义类型是对自然主义研究本应解释的现象的歪曲。我们也正在摆脱一种坚持自然与理性之间不可逾越的二分法的康德主义。我们进一步理解了人在世界中，这个世界存在着杜威的“有差异的连续性”。用普莱斯的话来说，这是一种“主体自然主义”的形式，这种自然主义对“客体自然主义”具有优先性。没有人会否认，在进化的进程中，随着从事言谈（这需要语言的掌握能力、进行推论的能力、具有能够给予和索取的理由）的全部能力的出现，发生了某种非同寻常的事情。但是，一旦我们对一种更为实用主义的、开放式的科学探究观念敞开了大门，并对不断从与我们的生物学和社会学本性有关的科学中学到的东西作出反应，那么我们就有很好的理由赞同一种实用自然主义，这种自然主义力图理解这样一些方式，在其中我们作为人类不仅与其他有生命的生物，而且与自然的其余部分是连续的。我们越来越接近杜威有差异的连续性的图景，以及他对一种哲学重构的呼吁，这种哲学重构摆脱了对磨砺分析工具的过度关心。存在着一个机会可以用这些经过改进的分析技术来解决人类的重大问题，这就是杜威在他那个时代所要求的，也是基切尔（以及其他人）力图为我们这个时代发展出来的那种重构。

请允许我将这一朝向更自由的实用自然主义的运动置于一个更大的哲学语境之中。康德和黑格尔的幽灵困扰着当今许多哲学辩论，包括有关自然主义的辩论。有时，它被概括为“自然主义与规范性”这样的短语，或者更明确地说，“自然主义对（versus）规范性”。有一些（但不是全部）康德主义者想要坚持说，在作为自然科学主题的“祛魅”的自然与作为理论理性和实践理性特征的规范性之间存在一种明确的、绝对的区分。这种绝对的区分似乎得到了规范性概念很好的支持，规范性涉及我们应该或应当做什么，相比之下在自然世界的概念中我们谈论的是什么，或者事实是什么。在很多日常语境中，我们的确（真正说是必须）在是什么和应当是什么之间作出这种区分。但是，这种区分的哲学意义是什么呢？康德主义者（或更谨慎地说，有些康德主义者）认为，这就是我们必须在自然与自由之间，以及自然与理性之间作出一种明确区分的原因。理性是自然所缺乏的规范性的根源。麦克道尔对此颇有见地：

> 现代哲学自认为受到了这样的召唤，要为主体与客体、思想与世界之间的二元论鸿沟架起桥梁。这种类型的意义进路试图弥合规范与自然的二元论。可以断言这是一种更深层次的二元论，它是人们所熟悉的现代哲学的二元论的根源。到目前为止，一切都没有问题；这符合我一直主张的那幅图景。但可以争论的是，我们应该如何回应这种更深层次的二元论。（MW93）

麦克道尔以一种准黑格尔的方式声称，不存在鸿沟要弥合，不存在必须消除的间隙。他认为他的第二自然和教化观念足以揭示自然与规范之间的间隙是一种幻相。“仅仅教化这一观念就确保了意义的自律不是非人类的，而这将消除一种被理性规范或理性要求这一观念吓倒的倾向。”（MW95）看起来麦克道尔似乎从康德的自然主义转向了黑格尔的自然主义。

黑格尔主义者（包括黑格尔主义的实用主义者）有时会诉诸亚里士多德，他们对将自然和规范性的区分夸大为一种哲学二分法持批判态度。黑格尔研究了康德的那些二分法，即自然与自由、现象与本体、自发性与接受性、感性与知性，以表明这些二分法是不稳定的，并且在正确的理解中被证明为只是动态的有机统一中的环节，这种统一包含了有差异的同一。在达尔文之后，随着像生物学、神经科学、认知科学、生态学这些科学的当代发展，人们曾尝试使康德和黑格尔自然化。杜威和早期美国实用自然主义者显然是站在了黑格尔一边。他们认为达尔文的进化论支持有差异的连续性这一论点。通过塞拉斯的开创性工作，康德的环节重新焕发了活力，尽管有明确的证据表明塞拉斯正在向更加黑格尔的自然主义过渡。我的主要论点是，戈弗雷－史密斯、基切尔、普莱斯、劳斯和其他许多人的最新工作使我们更加接近了杜威的哲学自然主义的精神，这种自然主义克服了困扰传统哲学如此之深的二元论，包括自然和规范的二元论——这种实用的自然主义对学习科学探究的新形式持开放态度。[1] 当然，在哲学家之间总会存在分歧。有些哲学家认为某种还原论自然主义或纯粹的物理主义最终会胜出，就像有些哲学家认为他们可以证明所有形式的自然主义最终都是不融贯的一样。当然，在那些自认为是自由的实用自然主义者的哲学家当中，仍然持续存在许多意义重大的争议。我们可以承认这种多样性，但仍明确断言，杜威的开放式多元自然主义的遗产在今天依然充满生命力。

---

1　尽管普特南肯定了他与康德的相似性，但他始终在挑战自然 / 规范的二分法和事实 / 价值的二分法。参见 Hilary Putnam, *The Collapse of the Fact/Value Dichotomy and Other Essays* (Cambridge: Harvard University Press, 2002).

# 附录：塞拉斯和杜威的自然主义

要全面考察塞拉斯的自然主义及其与杜威自然主义的关系，需要进行独立的研究。乍看起来，它们似乎相距甚远。杜威（尤其是在《经验与自然》一书中）花费了大量的时间和篇幅来阐释“实在”（real）一词的哲学使用，这种使用力图否认我们关于物理对象以及塞拉斯所谓“人在世界中的显像图像”的常识框架的实在性。杜威会拒斥如下主张：摩尔物理对象的常识世界是“非实在”的。[1] 杜威也会拒斥塞

1 基切尔阐明了杜威对科学“假定”与我们在日常生活中遭遇的对象之间的关系的看法：

科学家假设一个抽象原子或一个抽象电子，视其具有一个特定集合中的全部和唯一的属性，并且在此基础上能够组织特殊现象（例如化学反应或放射性衰变）。假定就其被视为一个模型而言就是一种有用的工具。当假定的成功变得足够明显时，科学家们通常就认为自己已经发现了一种新的实在成分，杜威在其实在论的阶段就很乐意在这一点上追随那些科学家。令他感到困扰的是这样的假设，即这些成分恰好具有科学家的模型归因于它们的那些属性而没有任何更多的东西。因为这就召唤出了一个所谓“基本”成分的世界，它取代了那些正确地归因于日常事物的性质。《经验与自然》和《寻求确定性》旨在抵制以理论模型的图像再造实在，但这绝没有以任何方式排除杜威做这样的假设，即宏观事物是由微观成分组成的，这些成分在其属性中包含了那些通过抽象描述归因于它们的属性。这些成分也具有在适当条件下引发显像性质（“蓝”“甜”等等）的属性。杜威……可以始终如一地断言宏观的桌子是“唯一的桌子”，否认存在某种由抽象的模型假定构成的事物，并同时肯定唯一实在的桌子是由微小的成分构成的，这些成分的交互作用产生了它那（转下页）

拉斯的如下主张：尽管显像图像具有方法论的优先性，但科学图像具有实质性或本体论的首要地位。就普莱斯在“客体自然主义”和“主体自然主义”之间作出的区分来看，塞拉斯似乎提倡一种客体自然主义，因为他将注意力集中在显像图像和科学图像的主要客体上，而杜威则倡导一种主体自然主义，其中“哲学必须从科学告诉我们的关于我们自己的东西开始”（NWR5）。杜威强调非人类动物与人类之间的连续性；塞拉斯则告诉我们，“从前概念的行为模式到概念性思维的转变是一种整体性的转变，一种向着不可还原的崭新的意识的跳跃，一种成为人类的跳跃”（PSI6）。杜威会质疑塞拉斯的如下主张，即这两种图像存在一种总体性的冲突，其中每种图像都声称自己在原则上是对人在世界中的真实、完整的解释。这种质疑并不是要否认，在现代科学的整个历史中，在我们从科学中学到的东西与一些常识性信念之间一直存在着重大的、戏剧性的局部冲突。我们基于从科学探究中学到的知识而放弃一些信念。我们不再相信地球是平的，相信存在着自发生成，或者有“真实”的恶魔和女巫。而且，

（接上页）些熟悉的属性，以及这些成分在其属性中所具有的模型归因于它们的那些性质。Kitcher, “Deweyan Naturalism,” p. 77.

我们知道科学家可以告诉我们很多关于在日常生活中碰到的摩尔物理对象的原子和亚原子结构的知识，但这并不意味我们有理由怀疑在日常生活中遇到的此类对象并将其当成真实的。在杜威的自然主义中，没有什么与“图像化”（picturing）相像的东西——塞拉斯认为它对语言表征和认知表征的自然主义理论至关重要。杜威会拒斥对任何这种图像化关系的需要。

但是，尽管第一印象很重要，但我们需要对它们保持警惕。塞拉斯是一位非常复杂的思想家，在他的思想中有几条线索可以揭示出一种与杜威实用自然主义更接近的亲和性。为了说明这一点，我想从一些历史考察开始。塞拉斯的父亲罗伊·伍德·塞拉斯是主导20世纪头几十年美国自然主义运动的主要成员之一。尽管罗伊·伍德·塞拉斯与杜威存在分歧，但他们也有很多共同点。他们两人都是进化自然主义的坚决拥护者。下面这个来自罗伊·伍德·塞拉斯《进化自然主义》的引人注目的段落也可能出现在杜威的《经验与自然》中。“认知无疑是一种基于进化能力的自然运作。给它一个自然主义的解释就是……给科学本身以点睛之笔。自然是一个认知产生于其中的世界，就像它是一个在其中煤炭燃烧、炸药爆炸的世界一样。”[1] 他们还共同致力于人道主义活动，并签署了1933年的《人道主义宣言》。威尔弗里德经常肯定自己与他父亲的哲学观的亲和性。法比奥·吉罗尼（Fabio Gironi）根据已出版和未出版的文献，对威尔弗里德·塞拉斯与罗伊·伍德·塞拉斯之间的哲学关系进行了出色的研究。[2] 他表明了威尔弗里德对他父亲的哲学研究的深切敬意，并揭示了他们之间的某些差异，这些差异来自威尔弗里德的“康德式的、渗透规范性的自然主义”。[3] 在1954年纪念他父亲的一次座谈会上，威尔弗里德在提交的论文中写道：

> 一位敏锐的、熟悉老塞拉斯著作的哲学学生，如果偶然读到小塞拉斯，并且不受习语和重点的表面变化（这些变化反映了对新环境的物种适应）的影响，他很快就会对两者面

1 Roy Wood Sellars, *Evolutionary Naturalism* (Chicago: Open Court, 1922), p. 21; 被引用于 Fabio Gironi, “A Kantian Disagreement between Father and Son: Roy Wood Sellars and Wilfrid Sellars on the Categories,” *Journal of the History of Philosophy* 55:3 (2017), p. 524.

2 参见 Gironi, “A Kantian Disagreement between Father and Son.”

3 同上，第513页。

貌的基本同一性感到震惊。这种同一性被术语、方法和辩论取向上的差异遮盖，但它仍然是一种同一性。那么，说批判实在论、进化自然主义及其所暗示的一切都是我从父亲那里继承下来的遗产的一部分，这是多么自然，而且在某种意义上也是多么真实啊。[1]

塞拉斯与他同时代的许多分析哲学家不同，他与美国早期自然主义有着深厚的哲学联系。塞拉斯的哲学还有其他几个维度，这些维度也使他与杜威更加接近。回想一下，当塞拉斯暗示显像图像可能是错误的，并且作为一位哲学家来讲，他很愿意否认物理对象构成的常识世界的实在性时，他通过以下说法澄清了自己的发言："或者，不那么矛盾地讲，在描述和解释世界的维度上，科学是万物的尺度，是所是的东西是什么的尺度，也是所不是的东西不是什么的尺度。"（EPM83）现在很明显，在这个语境中，塞拉斯是在非常技术性的意义上使用"描述"和"解释"的，这种使用需要

1 Wilfrid Sellars, "Physical Realism," *Philosophy and Phenomenological Research* 15:1 (1954), p. 13；被引用于 Gironi, "A Kantian Disagreement between Father and Son," p. 515.

加以解释和证明，因为很明显，“描述”和“解释”有很多完全适用于显像图像的用法。除非描述出我们观察到的东西，否则我们将无法进行相关归纳。我们在显像图像中对“解释”的使用有很多方式。当被问到为什么要做某事时，我们通过指出我们打算实现的目标来解释我们的行动。即使我们接受塞拉斯对显像图像的描述，我们也能清楚地描述和解释该图像中的所有事物和事件。塞拉斯当然知道这一点。所以我们需要问：一种排他性地适用于科学图像的“描述”和“解释”的技术性意义是什么？事实证明，这不是一个容易回答的问题。[1] 威廉·德弗里斯（Willem A. deVries）写了大量关于

---

1　从 1958 年到 1963 年，当时塞拉斯在耶鲁大学任哲学教授，我还是一名哲学系的初级成员。我非常幸运地参加了他许多研究生研讨会。1966 年，我主要根据包括《科学、知觉与实在性》以及他一些早期文章的论文，在《形而上学评论》上发表了一篇分为两个部分的文章“塞拉斯关于在宇宙中的人的图景”（Sellars's Vision of Man-in-the-Universe）。这是勾勒塞拉斯尚处于发展进程中的全面概观式立体图景的最早尝试之一。尽管写于五十多年以前，但我认为我的论述和我所表达的困惑仍然是中肯的。参见 Richard J. Bernstein, “Sellars' s Vision of Man-in-the-Universe I,” *The Review of Metaphysics* 20:1 (1966), pp. 113–43; and Richard J. Bernstein, “Sellars' s Vision of Man-in-the-Universe II,” *The Review of Metaphysics* 20:2 (1966), pp. 290–316. 另请参阅普莱斯在下文中对塞拉斯在阐明其“描述”的准确含义时所面临难题的启发性讨论：Price, “Prospects for Global Expressivism,” pp. 160–70.

在齐泽姆（Roderick M. chisholm）与塞拉斯的著名通讯中，齐泽姆对塞拉斯使用“‘描述性’这一技术性哲学术语”表示怀疑。他先引用了塞拉斯的主张：“我的解决方案是，‘……’意味……，这就是独一无二的言语模式的核心，这种言语模式正如指示与证成的语言一样不同于对经验事实的描述和解释。”Wilfrid Sellars and Roderick M. Chisholm, “Intentionality and the Mental,” in *Concepts, Theories and the* （转下页）

塞拉斯的文章，并且对他的工作有透彻的了解，他坦承自己“越来越怀疑我们可以使‘语言的纯粹描述性内核’这一理想有意义。因为我怀疑这种概念实际上是自然主义的一部分或其要求”。[1]德弗里斯声称，诉诸纯粹的描述“是休·普莱斯称之为并加以谴责的‘客体自然主义’的一种版本”。[2]此外，德弗里斯还指出，自相矛盾的，正是塞拉斯本人破坏了语言的纯粹描述性内核这一理想：

> 但是，鉴于塞拉斯对语义学的整体性和功能主义处理，

---

（接上页）*Mind-Body Problem,* vol. 2 of *Minnesota Studies in the Philosophy of Science,* ed. Herbert. Feigl, Michael Scriven, and Groover Maxwell (Minneapolis: University of Minnesota Press, 1958), p. 529. 然后齐泽姆评论道：

> 我倾向于认为“描述性”这一技术性哲学术语已经被过度使用了，我不确定是否可以赋予它太多含义。的确，我倾向于说，如果“一个如此这般的语句不是描述性的”这一短语毕竟具有某种意义，那它就意味着该语句（例如“不要横穿马路”和“难道玫瑰正在盛开吗”）既不正确也没有错误。（同上）

塞拉斯在对齐泽姆的回应中写道：“我……同意‘描述性’一词几乎没有帮助。一旦‘旅人’（journeyman）任务（使用艾耶尔的表达式）顺利进行，就有可能赋予技术性术语一种精确的含义。（大概这种技术性使用将展现出与我们对‘描述’的日常使用的某种程度的连续性。）。”（同上，第 532 页）

1 Willem A. deVries, “Images, Descriptions, and Pictures: Personhood and the Clash,” in *Sellars and His Legacy,* ed. James O’Shea (Oxford: Oxford University Press, 2016), p. 52.

2 同上。

没有理由相信①存在或可能存在任何可分离的纯描述性语言领域，或者②这样一种纯化的描述性语言可以替代我们目前认识并热爱的语言。语言的基本功能是预备和协调行动，这一事实应该使我们对纯粹描述的观念感到怀疑。[1]

实际上，德弗里斯争辩道（正如杜威可能争辩的那样），塞拉斯的如下主张存在某种可疑之处，即“人们会预期，在某种意义上世界的科学图景取代了常识图景；在这种意义上，对‘何物存在’（what there is）的科学解释代替了日常生活的描述存在论”（EPM82）。当我们意识到塞拉斯非常接近于说出以下这些话时，他关于科学图像中的描述和解释的言论的刺耳感就减弱了：“描述”和“解释”有一种独特的意义，它适用于人在世界中的科学图像，并且，当我们赞同这种独特的意义时，随之而来的就是，科学是所是的东西与所不是的东西的尺度。但是，这完全兼容于如下说法，即“描述”和“解释”作为对显像图像的刻画还有其他意义（用

1 Willem A. deVries, “Images, Descriptions, and Pictures: Personhood and the Clash,” in *Sellars and His Legacy*, ed. James O’Shea (Oxford: Oxford University Press, 2016), p.53.

法），并且这使得如下说法是完全有意义的：我们常识框架的摩尔物理对象是实在的。的确，塞拉斯捍卫了一种当我们在显像图像中运作时的“直接实在论”形式。将其翻译成杜威的语言，我们可以说，“实在”有这样一种非常好的意义，在其中我们可以将常识的摩尔对象说成是实在的。这些不同的主张是兼容的，尽管有时它们会发生冲突，因此我们需要进行调整。塞拉斯在其与康德的独特结合中想要保持这样的主张，即感知世界“在某种与康德相似的意义上是现象的”。[1]但是，支撑“表象世界”的实在世界或“本体”世界，并不是一种不可知的物自身的形而上世界，而仅仅是科学理论所解释的世界。[2]但是对于康德来说，表象世界只是经验上实在的。简而言之，如果我们采取一种更为宽松和开放的实用主义立场，我们可以说，关于什么是“实在的”，既存在一些适用于常识对象和显像图像的言说方式，也存在一些适用于科学图像中假定的理论实体的言说方式。它们是关于

---

1 Wilfrid Sellars, “Phenomenalism,” in *In the Space of Reasons: Selected Essays of Wilfrid Sellars,* ed, Kevin Scharp and Robert B. Brandom (Cambridge: Harvard University Press, 2007), p. 341.

2 同上。

实在的事物的不同的但不是不兼容的言说方式。德弗里斯用以下声明结束了他对显像图像与科学图像之间冲突的研究："对于显像图像与科学图像之间的关系，正确的思考方式是将其作为一个相互调节的问题，而不是单向主导的问题。"[1] 杜威肯定会同意。

塞拉斯的哲学反思还有其他使其更接近实用自然主义的面向。对塞拉斯来说，人类到底意味着什么呢？"人的科学图像被证明为是一种复杂的物理系统的图像。"（PSI25）没有自然主义者会否认，我们可以研究和学习大量关于作为复杂物理系统的人类的知识——当然这不包括杜威。对于自然主义者来说，当我们宣称人类比单纯的物理系统"更多"时，有趣且充满争议的问题就出现了。当然，塞拉斯在他的立体图景中清楚地认为，人类比复杂的物理系统"更多"——这就是人格。这并不意味着我们必须以笛卡儿的方式容忍任何额外的特殊物质或实体来说明人。事实证明，我们称之为人类的复杂物理系统可以做各种有趣的事情，并执行各种有趣的功能。这些物理系统可以言说、思考、形成个体的和共

1 Willem A. deVries, "Images, Descriptions, and Pictures," p. 58.

同体的意向、给予和索取理由、进行推理，以及自愿行动。简而言之，我们识别为人类的复杂物理系统可以完成显像图像中的人格范畴所能做的所有事情。尽管我们可以在“复杂物理系统”的范围内研究人类，但我们还希望多少可以解释人类是如何成为能够遵循概念规范并遵守规则的生物的。我们希望多少可以解释人类心灵如何是具身性的。德弗里斯再一次提供了帮助。他在“语言、规范与语言规范”中争辩道：

> 塞拉斯没有，但应该认识到一种自然规范性的形式，这种形式源自生物进程和结构的功能性。这种自然规范性不是还原性的，而是自然主义的。这也是意向性的先决条件，认识到它是如何制约意向性的有助于消除这一人人皆知的观念，即意向性强加于我们的要么是二元论，要么是观念论。[1]

德弗里斯的目的主要不是批评塞拉斯，而是要表明如何丰富他的自然主义。借助于黑格尔，德弗里斯争论说塞拉斯

1 Willem A. deVries, “Language, Norms and Linguistic Norms,” in *Wilfrid Sellars, Idealism and Realism: Understanding Psychological Nominalism*, ed. Patrick J. Reider (London: Bloomsbury, 2017), p. 83.

本应更加关注自然规范性的形式，这种形式是由有机体的结构和功能的目标指向性表现出来的。将自然规范性视为与概念规范性的中介链接可以巩固塞拉斯的立场：

> 因为，它使我们思考生物学问题的结构更加公正。但这也有助于填补规则遵守意识的所谓成熟规范性与这些规范性运作于其中的并以某种方式产生于其中的单纯机械世界之间的间隙。一种物质对象的集合如何可以是或成为一个遵守规则的人，这似乎是完全无法理解的，除非有进一步的中介结构。[1]

这正是杜威要提出的要点。杜威的连续性主题旨在表明存在一些中介结构，这些中介结构使我们能够理解，那些由我们的社会和文化的交互作用所塑造的“高等”认知能力（包括规则遵守意识的成熟规范性）是如何奠基于我们的生物有机本性之中的。

具有讽刺意味的是，正是塞拉斯从细节上对语言和思想

---

1 Willem A. deVries, “Language, Norms and Linguistic Norms,” in *Wilfrid Sellars, Idealism and Realism: Understanding Psychological Nominalism*, ed. Patrick J. Reider (London: Bloomsbury, 2017), p. 98.

提出了实用主义的主体间性（社会性）理解。我们需要认识到，存在着无法还原为描述性言语的自主性言语，例如语义言语和模态言语。像罗蒂和布兰顿这样的哲学家将塞拉斯视为实用主义传统——强调我们知道 - 如何的知识——中的关键人物，这是非常有道理的。强调这种对塞拉斯的解读方式，即人类可以从事多种不同类型的言语或语言游戏，使塞拉斯非常接近于普莱斯那里的杜威式主体自然主义，尽管塞拉斯专注的是科学图像和显像图像的主要对象。当普莱斯谈到说话方式的多样性时，他告诉我们：

> 现在的挑战就是简单地用自然主义的术语来解释像我们这样的生物是如何开始以这些各种各样的方式来说话的。这就是解释不同的语言游戏在我们的生活中扮演的是什么角色，例如，谈论价值的功能和谈论电子的功能之间有什么区别。这当然需要世界的多样性，但这是在一个熟悉地方的、一种熟悉的多样性。没有人会指望人类的行为不是如此复杂。（NWR20）

普莱斯关于语言游戏的多样性在我们生活中所扮演角色的主

张同样适用于塞拉斯。

在他关于塞拉斯的书的结论中，德弗里斯重新考察了塞拉斯的概观式立体图景，它表明了塞拉斯与杜威的实用自然主义有多接近。德弗里斯提醒我们：“只有人（person）才栖息于理性的逻辑空间，并且可以使用或运用科学的方法和标准产生出一副实在的图景。科学是某种人做出来的事情。”[1] 然后，他评论道：

> 我看不到塞拉斯否认人的实在性的任何融贯方式，除了反复说存在着实在性、存在着实在性。人是实践上实在的，而他们是实践上实在的是因为他们使自己如此。实践的实在性是一件关乎规定性主张和规范性主张的真理性的事情，而反过来也是一件关乎承认意向（主体间持有的、主体间适用的）和共享意向的事情。在“哲学与人的科学图像”开头，用存在主义转向的措辞来描述人类（自我）意识的出现，这对他来说并不是一种偶然或玩笑。人类对人类的自我认识是人类的根源（*fons et origo*）。正是在这个语境下，塞拉斯

1 Willem A. deVries, *Wilfrid Sellars*, p. 277.

的反思性要求成了他整个哲学的绝对核心。[1]

塞拉斯并没有使用“实践实在性”这一表达式，但德弗里斯描述的东西对塞拉斯来说是“绝对的核心”。如果我们认为“实践实在性”是指人的独特之处，而“经验实在性”是科学探究的对象，那么我们就会看到实践实在性和经验实在性不仅是兼容的，而且是相互联系的。塞拉斯相信，我们应该不断调整实践实在性以适应我们从科学探究中学到的经验实在性。杜威也是如此。但塞拉斯也告诉我们，永远不能放弃我们的实践实在性。而这始终是杜威的基本主张。简而言之，塞拉斯的概观式立体图景肯定了人的实践实在性和我们在科学发现进程中的经验实在性。

最后，我想谈谈塞拉斯是如何理解规范性的。詹姆斯·奥谢（James O’Shea）的塞拉斯研究的副标题“一种规范性转向的自然主义”很有启示性。[2] 尽管“规范”一词不是一个杜威偏爱的表达式，但他跨越了事实与价值二分法的自然主义也可以被称为“一种规范性转向的自然主义”。这两

1 Willem A. deVries, *Wilfrid Sellars,* p. 277.

2 参见 O’Shea, *Wilfrid Sellars: Naturalism with a Normative Turn.*

位思想家都将人类视为完全自然的生物，能够从事道德、社会和政治的言说与行动。这两位哲学家都不认为我们必须引入任何超自然的实体或能力来解释人在世界中。可以将塞拉斯解读为提供了一种对规范性（包括思维、推理、认知和交流的概念规范性特征）的解释，这种解释与稳健的（robust）自然主义相兼容。尽管塞拉斯借用了康德的主题而杜威借用了黑格尔的主题，但这两位哲学家都不同意这样的论点，即在自然主义与规范性之间存在一种不可逾越的二元论间隙。两者都会断言不存在需要弥合的间隙。最后，两者都致力于一种进化的自然主义，这种自然主义承认人类物种与自然其余部分是连续的。两者都断言人类可以以一种使其能够重构自己世界的方式采取意向性的行动。因此，在许多基本问题上，他们对人在世界中都有着共同的愿景。